LA VIE,
UN CORPS À CORPS
AVEC LA MORT

DU MÊME AUTEUR

Condition chrétienne et service de l'homme. Essai d'anthropologie chrétienne, Montréal/Paris, Fides/Cerf, 1973.

L'Esprit vous rendra libres, en ces temps de Pentecôte, Montréal/Paris, Fides/Le Centurion, 1974.

L'Esprit Saint et la liberté chrétienne, Paris, Le Centurion, 1976.

Communion et pluralité dans l'Église. Pour une pratique de l'unité ecclésiale, Montréal/Paris, Fides/Le Centurion, 1980.

L'Église, c'est vous !, Montréal/Paris, Éditions Paulines/Médiaspaul, 1982.

Une Église de baptisés. Pour surmonter l'opposition clercs/laïcs, Montréal/Paris, Éditions Paulines/Cerf, 1987.

Prêtres et Évêques. Le service de la présidence ecclésiale, Montréal/Paris, Éditions Paulines/Cerf, 1992.

Avec Simon Dufour, *Les ministères*, Montréal/Paris, Éditions Paulines/Le Centurion, 1993.

En collaboration

Des ministères nouveaux ? Une question qui se pose, Montréal/Paris, Éditions Paulines/Médiaspaul, 1985.

Chemin faisant... En quête d'Église, Montréal, Éditions Paulines, 1990.

Collection *Espace spirituel*

Foi chrétienne et fierté humaine, Montréal/Paris, Paulines/L'Atelier, 1996 (série « Lève-toi et marche... » n° 1)

En préparation dans cette même série (titres provisoires)

La Pâque, toute la Pâque – n° 3
Libéré par plus pauvre que soi – n° 4
Vivre la foi comme un trop-plein – n° 5

Rémi Parent

La vie,
un corps à corps
avec la mort

Série « LÈVE-TOI ET MARCHE… » 2

Paulines – L'Atelier

© 1996   Paulines
           Filles de Saint-Paul
           5610, rue Beaubien Est
           Montréal (Québec) H1T 1X5

           ISBN 2-920912-15-1

           Éditions de l'Atelier
           12, avenue de la Sœur Rosalie
           75013 Paris (France)

           ISBN 2-7082-3258-4

Maquette de la couverture : Boulerice & Morissette
En couverture : Marko Ivan Rupnik, *Le Transpercé* (détail)

Bibliothèque nationale du Québec
Bibliothèque nationale du Canada
Dépôt légal – 3e trimestre 1996

Introduction

Il n'y a pas d'espérance au-delà des tombes qui ne plonge ses racines dans la profondeur du gouffre ; la crédibilité de toute réponse religieuse au questionnement de la vie dépend de sa capacité à ouvrir littéralement les tombeaux et celui-là seul qui a le courage de « descendre aux enfers » (...) pourra parler du « ciel » et par là tenter d'arracher toute une vie à la captivité de la mort[1].

L'ACCUEIL du salut offert en Jésus Christ ouvre, dans nos vies humaines, un espace pour l'espérance. Jésus Christ est devenu le Vivant, désormais capable d'ouvrir les tombeaux, tous les tombeaux, et d'arracher notre existence entière à la captivité de la mort. Aucun gouffre n'est assez profond pour que s'y étouffent les plus beaux de nos désirs, désir de vie, désir d'amour, de liberté, de justice.

---

1. Eugen DREWERMANN, *La Barque du soleil. La mort et la résurrection en Égypte ancienne et dans l'Évangile*, Paris, Seuil, 1994, p. 14.

La victoire de Jésus Christ sur la mort n'a cependant rien d'une intervention magique qui, du dehors de la mort et indépendamment d'elle, guérirait le mal de vivre et calmerait nos angoisses. Le dynamisme libérateur de l'espérance n'a rien à voir non plus avec l'optimisme des discours de consolation, même lorsque le consolateur se drape dans le manteau d'une divinité. Aucune espérance au-delà des tombes et aucune réponse au questionnement de la vie ne sont crédibles sans le courage d'une descente aux enfers. Jésus, homme libre, a eu le courage d'une telle descente, le courage de plonger dans les profondeurs du gouffre. Voilà pourquoi notre foi peut devenir espérance, parole d'espérance proférée du creux des tombeaux et assez forte, croyons-nous, pour les ouvrir.

* * *

Depuis une dizaine d'années, je souhaitais vivement écrire un livre sur la mort. J'en ai maintenant l'occasion. Je le confesse pourtant : dès les débuts de ce travail, la tête et la main se sont mises à hésiter, elles sont parfois paralysées. Pourquoi ces hésitations et cette paralysie ? Je mesure mieux à quel point la tâche est difficile, délicate, et tellement décisive dans ses implications.

La mort... Le mot suffit à faire peur, tellement il évoque une réalité qui est spontanément perçue comme le contraire même de la vie. La mort n'a pas l'attrait des formes arrondies et lisses. Elle fait mal lorsqu'elle visite nos existences. Pourquoi lui consacrer un livre et inviter lecteurs et lectrices à prendre le temps d'une réflexion méditative sur elle, à perdre du temps en compagnie de cette indésirable ?

La mort, comme j'essaierai de le montrer tout au long du parcours, ne doit pas être située uniquement dans le dernier moment de notre existence, celui qui signera la fin de notre vie. La mort marque toute l'existence humaine, à tous les jours et dans toutes ses activités. Et je suis sûr qu'il y a là une clé dont on ne peut se passer pour comprendre ce que vivre veut dire, qu'il s'agisse de la vie personnelle ou de la vie collective. À la condition qu'on veuille vivre d'une manière qui soit digne des êtres humains que nous sommes.

Reconnaissons d'abord le fait : il suffit d'avoir un peu vécu pour savoir que nos existences ne sont pas pur jaillissement de vie ! La mort y est toujours-déjà au travail. Un corps malade qui vient tuer des projets auxquels on tenait ; le fossé qui se creuse entre jeunes et adultes et qui, même à l'intérieur des familles, fait mourir tant de rêves ; tel amour dont on pensait qu'il serait toujours plus fort que tout et qui perd souffle peu à peu ; une répartition intolérable des richesses qui n'assure pas la survie de certaines personnes ou même de certains peuples ; les innombrables mises à pied qui, aujourd'hui et pour tant de gens, condamnent à l'insécurité et brisent l'existence personnelle et familiale ; dans plusieurs de nos sociétés, un taux effarant de suicides chez les jeunes :

quel est ce mal de vivre qui rend la mort plus attrayante, ou moins intolérable, que la décision de vivre?

Notre vie de tous les jours est donc ici en cause. Selon le sort que nous faisons à la mort vécue au quotidien, en effet, nos existences s'engagent sur une voie de libération ou dérivent et s'aliènent progressivement.

Nous avons beau tenter par tous les moyens de nous dérober devant les défis qui s'annoncent, est-il possible de vivre librement, humainement, quand nous n'intégrons pas ce poids de mort? L'enjeu est grave. Et c'est bien mal apprendre la vie que de se boucher les yeux, de prétendre ignorer cette venue constante de la mort. Dans la mesure même où nous ignorons son omniprésence, nous jouons son jeu : au lieu de fabriquer de la vie, nous risquons de semer la mort en nous et autour de nous.

* * *

L'attention une fois ramenée à la vie de tous les jours, voici comment je dirais la conviction qui habite chaque page de ce livre : *une spiritualité, n'importe laquelle, n'est pas digne de l'être humain si elle ne prend pas au sérieux la mort, si elle ne l'intègre pas comme partie prenante de toute l'existence humaine.* Jésus Christ, pour sa part, ne remet pas à la fin des temps l'ouverture des tombeaux. « C'est aujourd'hui le jour du salut! », ne cesse de proclamer la Bonne Nouvelle. C'est donc aujourd'hui que Jésus Christ veut arracher toute notre vie à la captivité de la mort. Quelle sorte de disciples serions-nous, si nous n'étions pas attentifs au moment présent et aux défis que la mort déjà lui lance ? De quelle espérance sommes-nous les témoins quand nous parlons de la vie de chaque jour et taisons la mort, le poids de mort quotidiennement vécu ?

Qu'on le veuille ou non, la mort est là. Toujours là... où il y a de la vie. Je peux la laisser dans l'anonymat, croyant ainsi consacrer de meilleures énergies au service de la vie. Cette négligence ou cette peur face à la mort lui laissent cependant le champ libre. Elle dicte ses lois et manipule d'autant plus nos vies que, fantôme innommé et innommable, nous évitons de la regarder en face.

« J'espère qu'il y aura de l'espérance ! », me répondait quelqu'un à qui j'apprenais l'écriture de ce livre. Ce dont je suis certain, c'est que nous sommes de bien mauvais artisans d'espérance si ce n'est pas du creux de nos morts que nous témoignons de Jésus Christ, du creux de nos captivités que nous nous levons et nous mettons en marche. Et comment apprendre la compassion envers les autres, me laisser atteindre par leurs souffrances et leur douleur, les accompagner fraternellement sur un chemin que nous voulons, eux et moi, chemin de vie, si je suis incapable de vivre mes morts et d'assumer, aussi librement que possible, mes propres deuils ?

* * *

Un premier livre de cette série a tenté de dire la puissance révolutionnaire de la foi chrétienne[2]. Une approche particulière était ainsi privilégiée. Elle insistait sur un pari que nous croyons toujours possible : la Pâque de Jésus Christ permet d'entrer dans une vie qui peut déjà, ici et maintenant, vaincre la mort.

Le livre disait vrai, j'espère. Toutefois, il ne prétendait pas *tout* dire sur la vie chrétienne. Celle-ci est trop complexe et trop riche pour que nous puissions l'aborder d'un seul point de vue. D'ailleurs ce livre, dès ses premières pages et malgré son intention explicite d'insister sur la vie, a dû prendre en compte le poids de limites et de souffances qui est le lot de toute existence humaine, et donc de l'existence humaine des croyants chrétiens.

Nous souhaitons tous et toutes parvenir à la simplicité d'une existence enfin parfaitement unifiée. Mais chacun sait qu'il y a un monde de différence entre « simplicité » et « simplisme » ! Notre désir de simplicité n'a jamais le droit de virer au simplisme. Et il serait justement simpliste d'imaginer une existence chrétienne installée dans un « alléluia ! » permanent, jaillissement sans contraintes, débordement intarissable d'une vie désormais libre de limites et n'ayant plus à affronter la mort. Une telle spiritualité aurait l'enthousiasme et la consolation faciles. Je ne crois pas qu'elle serait digne

---

2. *Foi chrétienne et fierté humaine*, Montréal/Paris, Paulines/Éd. de l'Atelier, 1996.

du sens que Jésus Christ propose à la vie des femmes et des hommes de notre monde.

Le prochain livre de cette série, provisoirement intitulé *La Pâque, toute la Pâque*, tentera de voir comment la foi chrétienne invite à réconcilier les deux points de vue (*vie/mort*) dans l'unité d'une seule et même existence[3]. Mais une telle réconciliation exige que soit d'abord mieux située la place de la mort dans nos existences. Tel est l'objectif qui sera maintenant poursuivi. L'objectif est limité. Il est pourtant essentiel de le poursuivre si nous voulons être des personnes et des communautés chrétiennement en vie.

La formule semblera abrupte, brutale même : *nul ne peut décider de vivre sans décider de mourir*. Nous parlerons donc de la mort... Par fidélité à Jésus Christ, mais tout autant par fidélité envers nous-mêmes. Et par amour de ceux et celles que nous accueillons comme nos frères et nos soeurs en humanité et pour lesquels, tout comme pour nous, *vivre ne va jamais sans mourir*.

---

3. Je rappelle que deux autres livres (*Libéré par plus pauvre que soi* et *Vivre la foi comme un trop-plein*, titres provisoires) suivront ce troisième et compléteront la série « Lève-toi et marche... ».

Première partie

LA DIFFICILE DÉCISION DE VIVRE

L A FOI CHRÉTIENNE, disait mon livre précédent, confesse un amour qui ouvre dans nos vies un horizon parfaitement dégagé : grâce à Jésus Christ, chacun peut vivre un plein amour de soi, des autres et de Dieu. Semblable confession rejoint et vivifie toute une part de nous-mêmes, la plus belle peut-être, qui est le champ de nos désirs. L'impossible est enfin devenu possible !

Mais la question surgit inévitablement : où la mort nous attend-elle, si tout est accompli et si aucune digue ne saurait contraindre les mouvements conquérants de l'amour chrétien ? Ne dramatise-t-on pas indûment quand on parle de la vie comme d'un corps à corps avec la mort, d'une lutte qui se livre au quotidien ?

Et pourtant! Malgré la vie que nous confessons, il y a des moments de nos existences sur lesquels se répand une pesante odeur de mort. Encore récemment, dans le court espace de deux jours, un ami apprenait qu'un cancer généralisé lui laissait à peine quelques mois avec sa femme et ses enfants, je recevais une déclaration d'invalidité permanente et un voisin, père de deux jeunes enfants, perdait son emploi. La télévision, au même moment, nous rapprochait de peuples déchirés par des guerres fratricides, elle nous faisait presque citoyens de pays que la mort désarticulait. Surtout en des jours comme ceux-là, une question monte, irrésistible : l'accomplissement de l'amour n'est-il qu'un idéal inatteignable? Et la foi, qu'un rêve vide?

L'Évangile est loin de vouer les chrétiens à une sorte de jouissance passive du salut, il ne leur promet pas la satisfaction béate et immobile. Quiconque dit « oui » au salut ne peut plus se contenter d'être un voyeur de la vie, un spectateur qui regarde passer le cortège des vivants. Et c'est précisément pour cette raison que la foi, la vie de foi, ne peut échapper elle-même à la mort quotidienne.

1 L'expérience des limites

DANS L'ÉVANGILE de Luc (6, 47-49), Jésus dit : « Tout homme qui vient à moi, qui entend mes paroles *et qui les met en pratique* », cet homme « a posé les fondations de sa maison sur le roc. » Aucun torrent, aucune crue ne peuvent ébranler cette maison « parce qu'elle était bien bâtie ». Par contre, « celui qui entend *et ne met pas en pratique* » est semblable à un homme qui a bâti sa maison « sans fondations : le torrent s'est jeté contre elle et aussitôt elle s'est effondrée, et la destruction de cette maison a été totale ».

Les deux hommes entendent les mêmes paroles de Jésus. Ce qui les distingue et ce qui les juge, ce n'est donc pas l'écoute. C'est la « mise en pratique ». Nul ne peut se contenter d'entendre la Bonne Nouvelle du salut. Il est encore strictement nécessaire de la mettre en pratique. Se comporter à chaque jour de nos vies comme des fils et des filles de Dieu, des frères et des sœurs au cœur pleinement ouvert, voilà ce qui établit sur le roc les fondations de notre vie de foi. Sans mise en pratique, nous sommes voués à l'effondrement, à la « destruction totale ».

L'enjeu se complique du fait qu'il n'y a pas, qu'il ne peut pas y avoir de mise en pratique sans *décision* de notre part. Ni Dieu, ni Jésus Christ, ni les anges, ni les autorités, même religieuses, personne ne peut décider à notre place. « Ici et maintenant », c'est-à-dire *là où* nous existons et *dans l'aujourd'hui* de notre histoire, il faut décider de vivre ou non selon ce que nous confessons. La vie se charge alors de nous enseigner qu'une telle décision ne se prend jamais dans le ciel des principes abstraits. La vie devient elle-même maîtresse de vie. Une maîtresse dont les leçons sont toujours difficiles et parfois crucifiantes.

Quel est, plus précisément, ce lieu de la vie qui est celui de nos décisions de foi ? Je me contenterai d'évoquer, sous mode d'illustration, deux expériences dans lesquelles chacun, je pense, se reconnaîtra. En même temps, les deux sont assez différentes l'une de l'autre pour suggérer des « leçons de vie » qui interpellent toute l'existence, dans tous ses engagements.

Un corps malade

Y a-t-il rien de plus banal qu'une grippe ? Quand elle nous affecte, pourtant, la vie en est toute déréglée. Sinus bouchés, gorge enflammée, une faiblesse qui alourdit tous les membres, la fièvre qui semble priver la tête de ses capacités normales de fonctionnement.

Une mauvaise grippe amoindrit surtout notre disponibilité, elle empêche une présence vraiment pleine à soi et aux autres. Que devient donc, pendant ce détestable intermède, l'amour *sans limite* que les chrétiens confessent ? On a peine à se supporter soi-même ! Faut-il attendre le retour à la santé pour recommencer à s'aimer comme un fils ou une fille de Dieu est appelé à s'aimer ? Même les relations avec les personnes les plus proches, parents, amis, compagnons de travail, sont handicapées. Faut-il donc oublier momentanément notre foi en la possibilité d'aller vers les autres et de les accueillir dans une *parfaite* ouverture ? Une grippe suffit à montrer comment un corps malade limite nos décisions et brime notre pratique du salut.

Une grippe, en général, est de courte durée. On sait qu'on s'en sortira ! Qu'en est-il d'une maladie qui éprouve longtemps, trop longtemps, qui est devenue une compagne aussi fidèle qu'insupportable à certains jours ? Je vais courir le risque de l'impudeur. Je suis malade depuis plus de trente ans, d'une maladie qui est allée et va en s'aggravant. Sans tomber dans l'anecdotique, que m'a appris cette maladie sur

19

la foi pratiquée au quotidien? Qu'est-elle toujours en train de m'apprendre, tellement il y a des résistances tenaces et des apprivoisements difficiles? Je pense que toutes les personnes aux prises avec une maladie de longue durée s'entendraient pour privilégier trois grandes prises de conscience.

Un corps malade se tient toujours là, obstinément planté dans la vie, pour rappeler d'abord que *nous sommes des êtres limités.* Cette conscience des limites va de soi, penseront plusieurs. Elle devrait aller de soi, serais-je porté à préciser.

Quand tout va relativement bien, nous sommes tous plus ou moins affligés, me semble-t-il, du complexe du surhomme ou de la surfemme. Tant de besoins sollicitent notre sens des responsabilités. Ne sommes-nous pas tout à fait indispensables? Si nous croyons, de surcroît, qu'un amour universel nous habite et pousse vers les autres, nous sommes portés à prendre sur nous tous les problèmes de tout le monde. Nous courons à gauche et à droite, nous ne pouvons rester sourds à aucun appel. Nous devenons alors des missionnaires infatigables et… souvent épuisés. Selon l'expression courante, ne sommes-nous pas tous tentés de « nous prendre pour le Bon Dieu »?

Un corps malade diminue semblables ardeurs. De lui-même, pour ne prendre qu'un petit exemple, il se charge d'un nettoyage douloureux, celui des agendas : il annule des rendez-vous auxquels on tenait, interdit des engagements déjà pris ou qu'on aimerait prendre, raccourcit ou raréfie les si précieux moments de rencontre…

L'expérience des limites développe alors, petit à petit, une deuxième prise de conscience, la conscience de ce que j'appelle *l'effet-entonnoir.* Et c'est peut-être bien là la plus grande des souffrances.

Vers le haut, même lorsqu'on est malade, rien ne semble limité, tout paraît immensément ouvert. On est encore habité par les désirs les plus beaux, on garde le goût de les cultiver avec soin et de leur donner visage. Le cœur, lui, ne s'est pas éteint. Ni la soif d'aimer et d'être aimé, ni l'appétit de travailler à ce que notre terre soit un peu plus fraternelle, un peu plus habitable pour tout le monde. La maladie n'a pas tué une certaine foi en l'absolu. Pas encore en tout cas, se murmure-t-on parfois comme un encouragement ou un souhait.

Mais il y a le tuyau en bas de l'entonnoir. L'étroitesse du tuyau… Il résiste à l'immensité des désirs, n'en laisse filtrer que quelques-uns, condamne à la petitesse, aux petits projets et aux petites réalisations. De temps en temps, il se bloque et bouche tout.

Il est difficile de gérer sainement ses rapports avec un corps malade. Comment, en particulier, empêcher la maladie d'occuper toute la place ? Un malade ne peut pas, il n'a pas le droit de s'exiler hors de son corps et de ses limites. C'est aussi là qu'il est appelé à mettre sa foi en pratique. Mais en même temps, plus la maladie dure, plus le corps malade a tendance à vouloir envahir toute la vie, habiter tout le devant de la scène, prendre tout l'espace. Comment ne pas disparaître, ne pas perdre son nom propre dans les relations avec soi-même et avec les autres ? Avec Dieu ? Comment être « autre chose » qu'un corps malade ?

La maladie, finit-on par découvrir, atteint beaucoup plus que le corps. C'est la personne, toute la personne qui est menacée. La maladie veut conduire la vie du malade. Sans une vigilance constante, on peut cesser progressivement d'être une personne humaine responsable pour devenir une image, un masque, « le malade ». Comment dire cela, qui est loin d'être une question théorique ? Qu'on pense seulement aux flottements plus ou moins subtils qui fragilisent alors les relations interpersonnelles. Le malade n'est plus tout à fait lui-même face aux autres. À cause de la maladie qui s'interpose, il sent bien que les autres doivent traverser quelque chose pour arriver jusqu'à lui. La personne malade est ainsi invitée à une troisième prise de conscience : *il lui faut contrer l'isolement et apprivoiser sa solitude.*

On dit souvent que notre monde est en train d'étouffer sous le poids de la solitude. Ce n'est pas vrai ! C'est l'isolement qui déchire le tissu de nos existences personnelles et collectives.

Je ne sais pas encore très bien ce qu'est la solitude. Une certitude, cependant, s'impose de plus en plus avec force : la solitude est pleine de vie, elle grouille de monde. Elle est le lieu où chacun, n'ayant plus peur de sa vérité propre, y compris de ses limites, peut s'habiter lui-même. Elle a dégagé un espace intérieur et ouvre le cœur. Elle permet d'aller plus librement vers les autres, sans volonté de les coloniser. Elle permet aussi de se laisser habiter par eux. J'en suis même venu à penser que la vie nous est donnée pour que nous puissions, justement, apprivoiser cette solitude.

L'isolement ne naît pas d'un tel travail de vérité sur soi et d'apprivoisement de soi. Il est enfermement. Il résulte d'un jeu de masques, et ce jeu produit la mort. « Les vieux », « les jeunes », « les assistés sociaux », « les homosexuels », « les chômeurs », « les immigrés » : tous ces masques qu'on plaque sur les autres, ces étrangers qu'on isole ainsi afin de mieux contrôler les relations avec eux. Tous ces masques derrière lesquels il est facile de se cacher soi-même, probablement par peur de sa propre vulnérabilité. Tous ces masques derrière lesquels étouffent les vrais visages, si beaux et si fragiles, si beaux dans leur fragilité.

Une personne malade doit constamment lutter contre les forces qui, autour d'elle mais peut-être surtout *en elle*, voudraient la condamner à l'isolement. On est tellement seul dans un corps malade. Ne jamais consentir cependant à n'être que « le malade », pour toujours s'affirmer comme « un être humain malade ». Il devient nécessaire de passer sans cesse de l'isolement à la solitude.

* * *

Une longue maladie radicalise certaines questions auxquelles une simple grippe introduisait déjà. À certains moments, elle interroge particulièrement la foi en Dieu. Où Dieu est-il passé? On le confessait comme un Dieu amoureux et tendre, toujours soucieux de faire naître à la vie. La maladie apparaît pourtant comme le contraire de la vie! Au lieu de célébrer les promesses d'une naissance, elle poursuit un long travail de déchéance, elle éteint progressivement les forces du corps, de l'esprit, ou des deux en même temps.

On demandait à André Comte-Sponville : « Quelles sont, au fond, aujourd'hui, vos raisons de ne pas croire en Dieu? » « La première, répond le philosophe, la plus banale, la plus forte, c'est l'existence et l'immensité du mal. […] Comment imaginer qu'un dieu ait voulu les maladies, les souffrances des enfants, la décrépitude des vieillards[4]? » Le malade, lui, ne fait pas que constater autour de lui les souffrances et la décrépitude. C'est en lui qu'il est en train de les vivre. Mais où Dieu est-il donc passé?

La foi chrétienne confesse la beauté et la fierté des fils et des filles de Dieu. « Lève-toi et marche… » Les lourdeurs d'un corps malade sont loin de pousser à reprendre la route. Comment décider de mettre en pratique un amour universel, lorsque la maladie restreint de plus en plus les énergies, quand elle amenuise jusqu'à la possibilité d'aller vers les autres et de se mettre concrètement à leur service?

Quand la maladie frappe fort et promet de durer, c'est une bien mince consolation de s'entendre dire que la lumière

---

4. *L'Actualité religieuse*, 140, 15 janvier 1996, p. 31.

attend au bout du tunnel. Le malade ne loge pas dans un train. Il n'est pas lancé sur des rails qui garantissent mécaniquement la sortie du tunnel. C'est ainsi que s'est inscrite, quelque part en moi, la quasi-désespérance d'un certain soir. Il était environ dix-huit heures. Je devais me rendre en salle de cours une heure plus tard. Une seule pensée m'habitait : comment aller parler de la vie quand on n'a en bouche qu'un goût de cendre ?

Les fragilités de l'amour

Les poètes ont l'art d'exprimer en quelques mots les choses essentielles de la vie. Quatre vers suffisent à Gilles Vigneault pour dire la puissance et les fragilités de l'amour humain :

Souviens-toi d'oublier
Qu'il n'est jamais la même heure.
Je t'aime, et je demeure
En haut de l'escalier.

Au centre, comme un cri : *Je t'aime !* Coincé entre deux phrases qui mettent plus de temps à se dérouler, un cri qui, dans sa brièveté, veut tout dire. De longues démonstrations n'affirmeraient pas plus, ou mieux, l'*absolu* de l'amour. Elles ne réussiraient qu'à le diluer, le perdre dans les méandres de la raison trop raisonnante. L'amour ne s'explique pas. Il n'a pas besoin de s'expliquer. Il est là, bien au-delà de la raison,

25

certitude plus vraie que n'importe quelle vérité qu'il faut longuement prouver. *Je t'aime!* Les amoureux sont saisis par l'amour comme par une force irrésistible. « À perdre la raison », « à ne savoir que dire… », chante Jean Ferrat sur les mots du poète Aragon.

On a l'impression que l'amour, quand il nous tombe dessus, ne peut pas se vivre autrement que sous le mode de la *fusion*. Tout comme la vie entière s'en va se concentrer dans le cri, l'amour s'empare de deux êtres et les « concentre » pour n'en faire qu'un. Tant de chansons ne sont que des variations sur le thème « je suis toi, tu es moi, nous sommes un ».

Mais le poète, au fond, n'est pas dupe. L'absolu de son « Je t'aime » est comme contraint entre deux phrases qui laissent deviner sa fragilité. Une double fragilité, celle de son inscription dans le *temps* et dans l'*espace*. L'amoureux aimerait mieux taire cette fragilité. Mais il sait ou soupçonne qu'elle menace le sentiment de plénitude qui s'est emparé de lui.

L'amour-fusion paraît trop fort et résistant pour s'éteindre un jour. Il sera donc victorieux du *temps,* il porte en lui ses propres promesses d'éternité. Comment pourrait-il envisager un éventuel effritement ? « Notre amour traversera le temps, tout le temps. C'est pour toujours ! »

Il n'empêche que l'amoureux exhorte ou supplie : « Souviens-toi d'oublier qu'il n'est jamais la même heure… » Car le temps va et fuit. Comment savoir, être sûr qu'il n'entraînera pas l'épuisement de nos amours ? « Oublie que le temps passe et que, dans son passage long et lent, c'est notre amour qui risque de s'éteindre à petit feu. » L'amour se sent et se veut éternel. Saura-t-il vraiment résister à l'usure du quotidien, du temps qui passe, des heures et des années qu'il veut traverser ? Saura-t-il, sans pour autant cesser de rester jeune, se traduire en durée ? On voudrait arrêter le temps et, par là, exorciser la menace qu'il constitue pour l'absolu de l'amour. Personne ne peut cependant oublier qu'« il n'est jamais la même heure ». L'amour a beau se croire irrésistible et invincible, il devra résister aux accoutumances, vaincre les habitudes paresseuses qui étoufferaient l'absolu de ses désirs.

Une deuxième fragilité de l'amour humain, c'est l'impossibilité où nous sommes de l'enfermer dans un *espace* qui le protégerait contre le dehors, contre tous les dehors. Ici encore, il faut entendre ce que disent ou suggèrent les chansons d'amour. Tant d'entre elles, par exemple, rêvent d'une île où les amoureux, seuls habitants de cet espace clos, n'auraient plus à affronter les attaques de « l'extérieur ».

Vigneault semble plus prosaïque : « Je t'aime, et je demeure en haut de l'escalier. » Qu'on veuille ramasser tout l'espace « en haut de l'escalier » ou dans l'exotisme d'une île isolée, l'intention reste la même : l'amour doit se prémunir contre l'ailleurs, les dangers de l'ailleurs. Celui-ci cache peut-être des attraits auxquels l'un ou l'autre des amoureux sera incapable de résister. « Si tu t'éloignes de moi, ou moi de toi, quelle garantie nous reste-t-il de notre fidélité ?

Que tu n'ailles faire que quelques pas dehors ou t'en ailles à des milliers de kilomètres, qui ou quoi peut m'assurer, hors de tout doute, que tu n'y rencontreras pas quelqu'un de plus aimable et attrayant que moi, qui viendra nous voler notre amour? »

Vigneault sait bien qu'aucun être humain ne peut s'installer à demeure en haut d'un escalier. Il s'y assécherait. Du coup, il provoquerait immanquablement la mort de l'amour... qu'il voulait justement protéger. Mais quand l'absolu de l'amour s'empare de nous, on s'arme comme on peut! Même les exorcismes les plus dérisoires semblent bons pour se prémunir contre tout ce qui, de l'extérieur, pourrait assécher la surabondance qu'on est en train de vivre.

* * *

L'amour, à sa naissance et en sa tendre jeunesse, éprouve peu de difficulté à se *mettre en pratique*. S'il subit des contraintes et doit lutter, les contraintes, croit-il, lui sont extérieures. C'est avec un dehors que la lutte est menée. Quant à lui, il boit à son propre dynamisme, se nourrit de sa propre plénitude. Comment pourrait-il ressentir les exigences de la *décision*? Les amoureux ont été saisis. Ils n'ont qu'à se laisser porter sur les vagues de ce saisissement, tellement sa plénitude promet une réinvention inépuisable de leurs gestes de tendresse.

L'amour-fusion ne peut pas imaginer, en tout cas il imagine difficilement que le lien amoureux puisse un jour se rompre. « Tu es trop moi, je suis trop toi, aime-t-il se dire. Rien ne pourra nous séparer. » On est sûr d'une toute-puissance de l'amour. Elle permettra pour toujours de se perdre l'un dans l'autre et de trouver enfin, dans cette perte bienheureuse, le secret d'un amour toujours jeune.

Viennent pourtant des jours où, par une sorte de fatalité déjà inscrite dans le corps de chacun, une distance commence à s'instaurer. La vie apprend à l'amour qu'il n'a pas d'avenir si, pour se nourrir, il exige de chacun l'effacement de son originalité. Force est de reconnaître alors : « Je suis unique et tu es unique. Je ne suis pas toi et ne pourrai jamais l'être. Tu n'es pas moi et dois cesser de vouloir le devenir. » L'amour apprend ainsi qu'il ne pourra survivre, encore moins croître, sur les décombres de personnes qui ont cessé d'être libres, qui ont donc cessé d'être… des personnes.

Malgré le rêve qui énergisait la vie, on a découvert qu'il est impossible de se fondre complètement l'un dans l'autre. Et si on a *identifié* l'amour à la fusion, si on ne peut concevoir d'autre amour que fusionnel, comment ne pas conclure que l'amour est mort quand s'est éteint le sentiment de fusion ? Tant de couples se dissolvent lorsque l'amour a cessé d'être une évidence aveuglante, une puissance irrésistible à laquelle on n'a qu'à obéir.

Il n'est toutefois pas sûr que l'amour soit mort en même temps que les poussées fusionnelles. Et le véritable aveuglement, ne serait-ce pas de refuser les appels que la vie lance alors à l'amour ? Celui-ci est peut-être invité à se convertir, à se percevoir et à se vivre différemment. Il est déjà mort, vraiment mort, si *le lien* entre les deux personnes se révèle incapable de *servir le devenir-libre de chacune.* Mais pour servir un tel devenir, l'amour doit mourir à ses besoins de fusion et se traduire en travail, en une tâche jamais achevée une fois pour toutes.

Sans cesser d'être un cadeau à accueillir, l'amour définit, de lui-même, les défis de sa mise en pratique. Il est donné, mais il dépend aussi de notre réponse aux exigences, toujours difficiles et contraignantes, d'une décision responsable. On naît gratuitement à l'amour. La vie nous apprend cependant que nous sommes également responsables de nos amours. Il nous faut *décider* constamment de *devenir* amoureux.

2 *Décider de faire son possible*

L A FOI CHRÉTIENNE n'est pas un cataplasme qu'on applique sur l'existence, sur ses difficultés et sur ses blessures, pour engourdir le mal de vivre. Par fidélité à Jésus Christ et à son incarnation, ce que nous croyons doit être mis en pratique *à même* l'existence, toute l'existence, pauvreté et blessures comprises.

Il est nécessaire que chrétiennes et chrétiens se recentrent ici sur la personne de Jésus Christ. C'est à elle et à son mystère que renvoient directement nos attitudes et nos comportements, nos discours sur la mort vécue au quotidien. Et Jésus n'a pas voulu tricher avec la mort. D'autant qu'il n'est pas mort « de mort naturelle ». Cette mort terminale en dit long sur le corps à corps qu'il a quotidiennement vécu avec les puissances de mort.

Toute l'existence de Jésus, en effet, avait été consacrée à la révélation d'un Dieu de tendresse, un Dieu-engendreur, un Dieu dont le seul souci est de faire naître et re-naître les humains à leur liberté. Si Jésus termine sa vie sur une croix, y laisse son dernier souffle, c'est bien à cause de sa fidélité de tous les jours à un tel projet : il révélait un Dieu qui déstabilisait et menaçait trop de pouvoirs en place, surtout les pouvoirs politiques et religieux. Le sens de son histoire d'homme, et toutes les morts quotidiennes qu'il a affrontées pour lui être fidèle, tout cela entre sûrement, de quelque manière, dans la « définition » du salut. Et donc de la vie à laquelle la foi chrétienne invite.

Les chrétiens ne peuvent donc pas parler de la résurrection de Jésus Christ comme d'un événement *indépendant* de sa mort terminale et de toutes ses morts « quotidiennes » dont le Nouveau Testament fournit le récit. Cette résurrection ne devient pas, et d'abord pour Jésus lui-même, une sorte de « point zéro » de la vie nouvelle. Nul ne peut la comprendre comme un commencement absolu qui rend désormais insignifiante l'existence humaine de Jésus et discrédite, en quelque sorte, ses propres luttes avec les limites et les souffrances, avec les morts qu'il a dû vivre tout au long de sa vie.

Tout n'a pas été dit, loin de là, sur la maladie et les fragilités de l'amour. Il me semble cependant que les pages précédentes suffisent pour mettre en évidence quelques aspects essentiels de toute mise en pratique du salut, de toute décision dans laquelle les disciples jouent le sort de leur fidélité aux paroles de Jésus.

La mise en pratique du salut doit être assez pauvre pour composer avec les limites de l'existence humaine.

Les malades savent trop bien l'omniprésence des limites. Les amoureux la découvrent toujours trop tôt. Mais aucune personne, quelle qu'elle soit et quoi qu'elle fasse, ne peut échapper à ce poids des limites lorsque, pour éviter l'effondrement et la « destruction totale » (cf. plus haut, p. 17), elle décide de mettre sa foi en pratique. Les parents qui voudraient tout être et tout faire pour leurs enfants, mais sont toujours contraints dans leurs désirs, ne serait-ce que par l'étroitesse de leurs capacités financières. L'enseignant, soucieux d'armer pour l'avenir ses étudiants et si souvent désarmé par eux, par un nouveau langage et une nouvelle culture qui ne sont pas les siens. Les syndiqués qui luttent pour améliorer leurs conditions de travail et de vie, mais se heurtent sans cesse à des intérêts économiques définis du dehors et dont ils sont trop souvent les victimes. La femme ou l'homme parfois entré en politique comme on « entre en religion », messie vite désenchanté par ses faibles marges de manœuvre.

À chacun de regarder sa vie. La liste de ses limites sera peut-être plus longue, et plus facile à dresser, que celle des raisons qui poussent à l'optimisme et au laisser-aller...

C'est à l'intérieur de chacun que les limites existent et jouent, à l'intérieur de moi qu'elles dressent l'arène de la « mise en pratique ».

Surtout au début d'un engagement, comment ne pas considérer spontanément les limites comme des réalités *extérieures* à soi ? Elles sont alors, bien sûr, plus faciles à identifier. Elles délimitent un champ de bataille, mais la lutte est livrée avec quelque chose ou quelqu'un qui est hors de soi. Comme si nous avions un dedans illimité, intouché et intouchable, qui serait le domaine de la foi et s'en va affronter les menaces d'un dehors. La foi, elle, resterait sauve, toujours sauve, miraculeusement protégée.

Nul ne peut cependant décider de mettre sa foi en pratique, s'il se borne à constater les limites auxquelles il est confronté de l'extérieur. Le travail de vérité sur soi fait passer peu à peu, presque sournoisement, du verbe « avoir » (*j'ai* des limites) au verbe « être » (*je suis* limité).

Mon corps, par exemple, fait que j'occupe un espace petit, restreint. Malgré ma foi en la fraternité *universelle,* c'est *moi* qui ne puis exister comme personne croyante ailleurs qu'en des pratiques toujours étroitement *particulières.* Même si j'entends les appels d'engagements que je pourrais valablement poursuivre ailleurs, je ne puis être partout en même temps. À la fois dans le Tiers Monde et dans mon propre pays. À la fois au travail, auprès de mes enfants, au parlement, dans un service soutenu de personnes plus défavorisées que moi, etc.

Nous nous savons visités par un amour sans frontières d'aucune sorte. Vouloir être partout en même temps, toutefois, n'est-ce pas l'alibi le plus commode de femmes et d'hommes qui n'ont pas le courage d'être *quelque part* ?

Il est donc nécessaire que le disciple de Jésus Christ, avec lucidité et courage, prenne la mesure des limites qui définissent sa vie et... qu'il est. Sinon, à qui sera-t-il vraiment fidèle ? À Jésus Christ ? Sa pratique répondra d'elle-même à cette question, car il n'aura pas la pauvreté de mettre le salut en pratique dans un endroit précis, au service d'une situation déterminée. Sous prétexte de foi, je peux prétendre pouvoir tout être et tout faire. En pratique, je n'existerai vraiment *nulle part*.

Pour tout disciple qui veut mettre en pratique les paroles de Jésus, il n'y a pas de décision de foi qui soit « chimiquement pure ».

Il faut oser se le répéter à tous les jours, tellement la santé de notre vie chrétienne en dépend : le Christ lui-même veut être situé dans notre *liberté en acte,* dans nos *décisions* [5].

Par fidélité à l'Incarnation, nous voici forcés d'effectuer un grand ménage, difficile mais que nous espérons libérateur, qui nettoiera la foi de toutes les visions proprement idéalistes que nous pouvons entretenir. Si *nous sommes* limités, il n'y a en nous aucun lieu qui serait le lieu de la foi,

---

5. Cf. *Foi chrétienne, op. cit.,* p. 34 et suiv.

qui permettrait des décisions pleinement humaines en même temps que libres de toute limite.

Parents, enfants, politiciens, époux, célibataires, enseignants, c'est bien l'absolu de la foi que nous voulons investir, mettre en pratique quelque part. Personne n'a cependant le droit de prétendre que sa décision est illimitée. Qu'elle réalise de manière évidente les désirs du Dieu de Jésus Christ sur nous et nos engagements.

Qui n'aimerait pas être, dans quelque « endroit » de son être, en communication directe avec le Saint Esprit ? Posséder un téléphone qui le relierait à Jésus Christ et permettrait de savoir quelle décision prendre dans telle situation donnée ? C'est souvent dans les moments les plus difficiles, toutefois, et quand nous lançons les appels les plus pressants, les plus urgents, que Dieu semble se faire sourd et muet. « S'il pouvait me révéler clairement la décision à prendre !... » Mais s'agirait-il encore d'une décision humaine et responsable de ses pratiques ?

« Le disciple n'est pas au-dessus de son maître » (Mt 10,24). Jésus lui-même s'est buté contre le lourd silence de Dieu : « Mon Dieu, mon Dieu, pourquoi m'as-tu abandonné ? » (Mt 27, 46). Dans cette interrogation douloureuse se concentre et se révèle la vérité de l'incarnation de Jésus. Homme libre il était, homme libre il a été jusqu'à la fin de ses jours, même s'il lui a fallu, comme tout être humain, payer à prix fort les décisions d'une telle liberté.

Pendant le temps de nos vies, il nous faut décider d'engager notre foi dans les pratiques qui nous sont humainement possibles.

Voilà qui semble contredire tout ce que j'ai pu avancer, dans le livre précédent, sur les rapports entre foi chrétienne et fierté humaine.

La fierté, disais-je alors, fait sa nourriture d'une certitude : Jésus Christ rend possible l'impossible. Il a mérité, promet et garantit un plein amour de soi et des autres. Et même, croyons-nous, un plein amour de Dieu. Un amour plein, c'est-à-dire un parfait amour, absolu, illimité. Et voici que Jésus lui-même, invitant ses disciples à mettre ses paroles en pratique, les renvoie à leur liberté. À des décisions quotidiennement prises qui, si elles ne s'assument pas comme décisions toujours limitées, ne changeront rien à la vie et ne la transformeront pas selon les paroles de Jésus.

Une maladie qui désoriente momentanément l'existence ou, beaucoup plus durement, cloue au lit pour de bon, un amour qui se veut éternel et ne trouve même pas les mots et les gestes pour s'exprimer correctement aujourd'hui, l'engagement en politique, dans ce champ qu'on définit justement comme « l'art du possible », etc. Comment continuer de croire en une liberté capable d'impossible, lorsque la vie apprend à cette liberté qu'elle est limitée et... ne peut faire que son possible ?

Nous le devinons déjà, quiconque décide de mettre l'amour en pratique s'en va toujours à la rencontre de la mort.

D'une mort au quotidien. Cette mort fait peur, et c'est normal. Nous aimerions passer à côté. Nous faisons tout, parfois, pour ne pas avoir à nous colleter avec elle. Serions-nous dignes de l'existence humaine si nous refusions de la vivre ?

Deuxième partie

LA MORT
AUX MULTIPLES
VISAGES

F AIRE SON POSSIBLE... Ainsi dite, la chose paraît tellement aisée! Comme une invitation au laisser-aller : « Laisse-toi glisser sur la vague des jours. En te rappelant surtout qu'*à l'impossible nul n'est tenu.* »

Mais chrétiennes et chrétiens sont assez fous pour confesser que l'impossible est devenu possible. Seraient-ils encore de véritables croyants s'ils ne tenaient plus à un amour accompli, offert et déjà possible? Et s'ils n'étaient plus tenus de le mettre en pratique à même leurs décisions humaines? À l'impossible, en vérité, nous croyons que nous sommes tous et toutes tenus.

Au fond, ce n'est pas l'absolu de la foi qui fait problème. Qui peut vivre sans qu'un absolu, de quelque nature qu'il soit, le tire en avant et le garde humainement en vie? Ce ne sont pas non plus les limites de nos corps et de nos amours qui rendent compte à elles seules de notre mal de vivre. Qui n'a pas appris que nos petites décisions peuvent seules produire des engagements qui feront respirer notre aujourd'hui, assez pour qu'il reste en marche et consente à aller vers demain et après-demain? Ce qui rend difficile l'existence, c'est la *rencontre,* dans ma vie de tous les jours, de l'absolu et des limites.

Nos décisions doivent donc répondre à une double fidélité : fidélité au Dieu de Jésus Christ *et* fidélité à nos limites. Situation inconfortable, dont nous ne pourrons jamais nous sortir tout à fait. Mais nos vies doivent faire la preuve que la foi ne condamne pas à deux fidélités contradictoires. Nos *vies.* Non pas nos mots, nos discours, nos théories.

Et c'est ainsi que nous partons, à tous les jours, au-devant de la mort.

3 *Dégager l'horizon*

U N AMI très proche, alors père de deux jeunes enfants, avait joint un groupe de marxistes-léninistes. C'étaient les années des grands rêves révolutionnaires. Poussé par une soif de justice qui ne l'a d'ailleurs jamais quitté, mon ami trouvait dans sa militance de quoi satisfaire ses aspirations. Mais il aimait aussi sa femme et ses enfants... Pour son malheur! ajouterais-je, puisque les choses se sont gâtées le jour où certains purs et durs commencèrent à l'attaquer sur ce front. Le temps passé dans sa famille était du temps perdu. Du temps volé à « la cause ». Il devait se brancher.

Aucune « cause » ne mérite qu'on y engouffre sa vie tout entière. Même Dieu, si Dieu n'est qu'une cause à défendre.

Tous les fanatiques, y compris les fanatiques de Dieu, prétendent voler au secours de la liberté humaine. Ils menacent en fait de la tuer. Ils ont d'ailleurs, et littéralement, trop tué. Ils tuent encore trop aujourd'hui.

La cause ne propose pas, elle impose. Elle s'impose. Plutôt que d'ouvrir devant la liberté un champ de décisions possibles, elle rétrécit son horizon, elle embrigade et asphyxie. Elle pousse ainsi dans une direction opposée à celle que Jésus propose à ses disciples.

Le Dieu de Jésus Christ veut être situé dans le *devenir* de chaque personne et de chaque collectivité[6]. S'il en est bien ainsi, comment prendre prétexte de Dieu pour cautionner un enfermement de la liberté? Un étouffement de l'être humain dans la rigidité de l'uniformité? En vérité, notre première responsabilité pourrait bien être de respecter l'*ouverture* à laquelle le Dieu de Jésus Christ convie nos existences. Nous sommes invités à rouvrir constamment l'éventail des décisions qui nous sont humainement possibles.

Notre vie, je pense, est beaucoup plus capable d'ouverture qu'on est porté à le croire. Même dans les moments les plus sombres, ces jours aussi noirs que la nuit. Même quand notre liberté semble aliénée, tellement tout l'horizon paraît bouché. Après un certain temps, et si nous gardons le souci d'être et d'agir en personnes responsables, une petite décision finit par se manifester comme une décision

---

6. Cf. *Foi chrétienne, op. cit.*, surtout les pages 46-51 et 89-93.

aujourd'hui possible, une décision qui donne, malgré son apparente petitesse, un peu de futur au présent.

L'amour de soi, l'amour des autres et, pour des croyants, l'amour de Dieu, voilà les trois relations que nous sommes responsables de garder ouvertes. Comment effectuer concrètement ce travail d'ouverture ? Personne ne peut répondre à la place de quelqu'un d'autre, et d'abord parce que personne n'est maître des questions que les autres se posent. Si je me permets de partager quelques interrogations, c'est uniquement afin de nous inviter tous à *ne pas boucher trop tôt l'horizon des décisions possibles.*

Devenir soi, apprendre à s'aimer, voilà qui exige déjà une attention vigilante aux décisions qu'il m'est possible de prendre et qui me garderont en vie. Ma vie semble-t-elle trop pleine pour que je puisse prendre soin de mon corps ? Avant qu'il ne soit trop tard, il me faut aménager un espace pour l'exercice physique et la détente, bien voir ce qui est concrètement possible, et surtout passer à la pratique, ne serait-ce, par exemple, qu'en décidant de marcher un certain temps pour me rendre au travail. Ce travail est-il à ce point accaparant que s'atrophie jusqu'à la possibilité de « perdre du temps » auprès des personnes qui sont les plus importantes pour moi ? Pendant longtemps, un couple ami est allé, presque chaque dimanche, prendre un café au restaurant. Loin de la maison et des enfants, c'était leur moment à eux. Ils sont heureux, après trente ans de mariage, d'avoir été alors fidèles à ce petit rituel, si simple mais qui leur était concrètement possible. Qu'on pense encore, plus largement, à l'évolution présente de la condition féminine. Il n'y a pas si longtemps, l'horizon qui s'ouvrait généralement aux femmes était celui de leur présence et de leur travail au foyer. Innombrables sont celles qui découvrent aujourd'hui qu'autre chose est possible. Moyennant certains réaménagements à l'intérieur de la vie du couple et de la vie familiale, mais encore trop souvent au prix d'efforts presque surhumains, elles peuvent envisager un travail rémunéré à l'extérieur de la maison et même poursuivre des carrières qui leur étaient autrefois interdites.

Cet exercice d'ouverture doit se poursuivre dans le champ de nos relations aux autres. La pauvreté est en train de proliférer. « Les » pauvres commencent-ils à m'agacer ou, peut-être, à menacer mes propres sécurités ? Et si je me donnais le temps d'un peu d'analyse : qu'est-ce qui fabrique cette pauvreté galopante, quelles en sont les causes ? Ou encore, ne pourrais-je pas, quitte à en être blessé, m'exposer à *certains* pauvres, permettre à leur vie, souvent invivable, de m'atteindre au moins un peu ? Je ne comprends pas le mode de vie, si différent du mien, que semblent mener « les » homosexuels ? J'en connais probablement *un*, pourtant, qui accepterait de me partager un peu de ce qu'il est et vit, et qui m'éviterait l'enfermement des préjugés mortifères. Même les relations avec les autres les plus lointains sont en train de se transformer radicalement, ne serait-ce que grâce aux développements prodigieux des moyens de communication. Puis-je cependant me contenter de connaître ces autres par écran interposé, alors qu'il y a sans doute des immigrants, autour et près de moi, qui donneraient chair à ce monde lointain que l'image, à la fois, rapproche et maintient à distance?

La relation à Dieu nécessite autant de vigilance que les deux premières. Plus encore sans doute, tellement nos journées sont toujours pleines comme un œuf : « Je m'en occuperai quand j'aurai fini d'aller au plus pressé... » Suis-je tenté de joindre les larges mouvements qui veulent discréditer, par les temps qui courent, tout véritable travail d'intelligence de la foi? À la limite et en caricaturant à peine, plus on est niais dans le domaine de la foi, plus on serait un véritable croyant... Est-ce que je sais profiter des innombrables moyens offerts (livres, conférences, cours, groupes de partage, etc.) qui m'éviteront de sombrer dans un fondamentalisme asséchant? Et encore : est-ce que je sais me donner des moments pour la prière? Dans une petite communauté que nous formons depuis une quinzaine d'années, la question revient si souvent que nous avons presque pris le parti d'en rire! Tous constatent que les relations à soi et aux autres sont nourries et changées par ces moments de prière. Tous essaient de se réserver un espace qui les permette régulièrement. Mais chacun réalise, un bon jour, que les aménagements décidés il y a peu de temps ne sont plus possibles aujourd'hui; bousculé par la vie familiale, le travail, les loisirs, chacun a tout bonnement « oublié » ces moments inutiles mais nécessaires, et doit réinventer d'autres aménagements. Une dernière interrogation : dans un monde devenu très exigeant aux plans de la compétence et de l'efficacité, en suis-je venu à me juger moi-même uniquement en terme de rendement mesurable ? Il est alors plus que temps de donner leur chance aux désirs qui m'habitent mais sont étouffés. En particulier, pour un croyant, aux désirs d'un Dieu dont l'amour est gratuit et invite à la gratuité. Le goût de la liberté se perd quand on est tout entier occupé à combler des besoins en soi et autour de soi, quand on ne se donne même plus le loisir de laisser monter et de soigner ses désirs les plus beaux.

Nous pourrions poursuivre indéfiniment ce type de questionnement. Ce qui est important, nécessaire, c'est que chaque personne saisisse l'intention d'un tel exercice et le reprenne régulièrement à son compte. *Que chaque personne ne ferme pas trop tôt l'horizon de sa liberté.* Comme le chante Gilles Vigneault :

> Jamais les fleurs du temps d'aimer
> N'ont poussé dans un cœur fermé
> La nuit le jour l'été l'hiver
> Il faut dormir le cœur ouvert

« Dormir le cœur ouvert », cela veut aussi dire faire un effort de vérité sur moi-même et nommer les décisions qui me sont, à moi, aujourd'hui possibles. Comment, autrement, pourrions-nous rester en vie, mettre l'Évangile en pratique, travailler concrètement à notre propre libération ?

4 Les morts de chaque jour

MÊME S'IL FAUT rester constamment attentifs aux décisions possibles, l'ouverture de nos existences n'est pas illimitée. Nous souhaiterions qu'il en soit autrement. Nous nous donnons parfois l'illusion qu'il n'en est pas ainsi. Mais autant vivotons-nous à peine quand nous négligeons de rouvrir l'éventail des possibles, autant le non-respect des limites désincarne et stérilise la liberté.

Si nous tentons, par contre, de vivre en convivialité avec nos limites, elles se chargent de nous rappeler une loi essentielle de l'existence : les « oui » de nos décisions impliquent toujours des « non », ils exigent un renoncement. Leur vigueur dépend même de la vigueur avec laquelle nous saurons dire les « non » que requiert toute décision. « Que votre oui soit oui, et votre non, non » (Jc 5,12). En un mot, *nul ne peut vivre libre sans renoncement.*

Un renoncement qui est soumission et démission

« Renoncer ». Quel mot démodé! Quand je parlais de renoncement aux étudiants, leur première réaction était de résistance, de fermeture ou de rejet pur et simple. Il faut une certaine audace ou une grande naïveté pour aborder, de nos jours, un thème au passé si chargé.

Il me semble que je comprends un peu ces résistances et ce rejet. L'invitation au renoncement est tellement apparue comme une incitation au mépris de soi, à un masochisme aliéné et aliénant. Encore aujourd'hui, le renoncement n'est-il pas généralement compris selon un mouvement qui va à l'encontre de tout ce que j'ai pu dire sur la fierté chrétienne?

Ce mouvement se caractérise d'abord et avant tout par le légalisme, le volontarisme et le conformisme. Il faut en dire un mot. La fidélité à Jésus Christ nous y pousse, autant que notre amour de l'existence humaine.

Le refus du légalisme, je tiens d'abord à le préciser, n'est pas refus infantile de la loi. Aucun groupe humain ne peut vivre sans lois. Qui plus est, aucun être humain ne peut vivre libre sans qu'il se donne à lui-même un certain encadrement. La question que je soulève est plutôt celle des *rapports* entre lois et liberté : la loi est-elle à notre service, au service de notre liberté, ou sommes-nous au service de la loi ? N'affirmons pas trop rapidement que la question est simpliste et la réponse évidente...

Quand on s'interroge sur les rapports entre loi et liberté, c'est à un *mouvement*, à une *dynamique* qu'il faut s'intéresser.

Au départ du mouvement déshumanisant selon lequel le renoncement volontariste est compris, quelqu'un, quelque part, a posé une loi (morale, sociale, religieuse...) qui définit *a priori* les frontières entre un dedans et un dehors, entre le pur et l'impur. Ce quelqu'un pouvant d'ailleurs fort bien être soi-même, tellement notre besoin de sécurité aspire à une vie correcte, bien rangée et encadrée, à l'abri de toute mauvaise surprise.

Ce n'est donc pas la liberté des enfants de Dieu qui est première, au début de tout le mouvement. C'est la loi ! Avec sa nette rigidité, avec sa tranquille assurance de définir la « vérité vraie » de la vie. Il est *ensuite* exigé que les personnes ou les groupes sociaux se conforment à la loi, n'aillent pas errer hors du terrain permis, dans les espaces troubles de l'interdit.

Si j'ai la force ou assez de rigidité pour ne pas aller dehors goûter aux fruits défendus, si j'ai le courage de *renoncer* à ce que la loi interdit, *alors* je serai quelqu'un de bien,

alors je serai beau ! Pour reprendre les choses en mots chrétiens : je pourrai me dire fidèle disciple de Jésus Christ *après*
mon renoncement ferme à ce que la loi interdit. Et donc *une*
fois que je me serai *conformé* à la loi et aux règles. Ma beauté
est de conformité.

Renoncer, selon de tels rapports entre loi et liberté, c'est
donc se soumettre à des lois qui déterminent d'avance notre
fidélité. Plus on tient à une observation rigide de la loi,
cependant, moins il y a place pour les interrogations, la re-
cherche et la quête, les erreurs de parcours, le doute.

J'ai longuement parlé de la vie chrétienne en termes
de genèse et de devenir[7]. Mais comment être conscient et
responsable de son devenir-libre, lorsque sont refusées des
conditions qui sont essentielles à tout devenir ? Lorsque sont
interdits *a priori*, par exemple, les questions, les erreurs et le
doute ?

Dans ces perspectives, le renoncement équivaut très
concrètement à une démission, démission aux mains de ceux
qui ont défini les lois, en sont les gardiens et jugent de ma
fidélité ou de mon infidélité. Étant bien entendu que je peux
jouer ce rôle par rapport à moi-même, par exemple quand je
laisse à un cadre de vie dont j'ai pris l'habitude le soin de
déterminer les voies de ma fidélité présente et à venir.

Voilà comment tous les fanatiques de Dieu dont je
parlais plus haut méprisent à la fois Dieu et la liberté

---

7. Cf. *Foi chrétienne, op. cit.*, surtout les pages 43-51.

humaine. Dieu est devenu une cause à défendre, qu'on se charge d'enserrer dans un étroit filet de lois et de normes. Et la fidélité humaine s'est dégradée en une conformité à la lettre de la loi. Pourtant, « la lettre tue, mais l'Esprit donne la vie » (2 Co 3,6).

Décisions quotidiennes et renoncements de tous les jours

Le renoncement dont je veux parler, dont il me faut parler, répond à une tout autre dynamique. Loin de brimer la liberté, de nous aliéner, il permet des décisions qui seront de vraies décisions.

Je ne dis pas des décisions parfaitement libres puisque, dans notre monde, aucune liberté n'existe qui soit chimiquement pure. Je parle de décisions « vraies », c'est-à-dire de décisions… qui décident vraiment quelque chose.

Tout disciple soucieux de mettre en pratique les paroles de Jésus est appelé à faire exister le plein amour dans les pratiques qui lui sont humainement possibles. Voilà pourquoi, voulant vivre ma foi quelque part, à tel moment de mon existence, en réponse à tels défis qui se proposent à moi, *ma décision de foi ne peut être que limitée.* C'est précisément là que le renoncement m'attend. Non pas dans la soumission à une loi pré-définie, mais *dans l'acte même de ma décision de vivre.*

Tout cela peut paraître terriblement abstrait. Nous le vivons pourtant tous les jours, même dans les décisions qui paraissent de petite importance.

Je rentre le soir à la maison, exténué par une journée de travail particulièrement éprouvante. Mes enfants, eux, avaient hâte de me revoir, ils réclament présence et attention. Je peux me coucher et tenter de récupérer un minimum d'énergie, ce qui pourrait être tout à fait légitime. Ou je peux répondre, au moins tenter de répondre aux réclamations des enfants, ce qui pourrait être tout aussi légitime. Que décider? Une chose est certaine : je ne peux me permettre un sommeil récupérateur et, à la fois et en même temps, exercer une présence active auprès des enfants. Je ne peux donc décider en faveur d'un choix possible sans décider de *renoncer* à l'autre choix. Et il s'agit bien de ma décision de foi, ma liberté de croyant devant s'investir partout, y compris dans les gestes qui semblent les plus banals. Ajoutons encore : mon renoncement fera mal (même si la blessure est superficielle et temporaire), que je renonce au sommeil récupérateur ou que je renonce à la présence turbulente mais amoureuse des enfants.

Une amie, mère de cinq enfants, voit toujours venir Noël avec appréhension. Ayant vécu dans un pays du Tiers Monde, elle connaît les immenses souffrances que produit la pauvreté. Elle sait aussi la valeur inestimable d'une solidarité vraie et voudrait introduire ses enfants au sens du partage. Mais le temps de Noël voit nos sociétés jouer le jeu d'une sur-consommation éhontée. Adulte, on peut assez aisément résister. Quoique… Mais quel enfant pourrait échapper aux battages publicitaires qui l'assaillent de tous les côtés ? « Si tes parents t'aiment, il est "normal" que tu reçoives beaucoup de cadeaux à Noël », disent ou laissent entendre les spécialistes de la publicité. « Et cette année, c'est ceci, et cela, et cela encore qu'il faut avoir. Que tes copains auront... » Que faire ? Comment les parents peuvent-ils lutter contre des moyens de pression aussi puissants ? De plus, les enfants ne se sentiront-ils pas marginalisés de ne pas posséder ce que les copains auront reçu ? Il faudra dire non, sans être absolument sûr que le non ne traumatisera pas les enfants au point que le souci d'éduquer produirait un effet contraire à celui qui était recherché. Quand il s'agit d'enfants, de ses enfants, la décision et le renoncement sont toujours difficiles.

Notre vie croît ou s'anémie selon les décisions, le plus souvent petites, que nous prenons ou refusons de prendre pendant les vingt-quatre heures de chaque jour. Et donc aussi selon les renoncements que les décisions exigent. Ces renoncements sans lesquels nos vies s'amollissent, n'ont plus de mordant, sans lesquels nous devenons, à la limite, incapables de rien décider.

Dire non
en décidant de dire oui

J'ai choisi, un jour de grand ménage, de ne pas jeter les agendas de mes premières années de travail. Non pas pour sauver des traces du bon vieux temps, ni pour me complaire dans les investissements réalisés. Mais pour garder mémoire de ce que je ne peux ni ne dois plus faire. Comme je me pensais indispensable, et un peu partout ! Incapable de rien regretter, je me demande quand même : ai-je mené un assez bon combat contre un *messianisme* malsain, trop orgueilleux pour consentir aux limites de tout engagement un peu sérieux et soutenu ? Ai-je su consentir, en un mot, à *mes* possibles ?

Sans un tel consentement, il y a fort à parier que je vis et propage un idéalisme malsain. Comme le remarque si justement Maurice Bellet : « J'ai donc, si je décide, à décider *ceci* : hors de là, fuite dans le sublime. Et que puis-je donc décider, sinon, justement, ce qui m'est possible ?[8] »

Que veulent dire ces mots de Bellet ? D'abord que je ne peux pas décider de faire exister l'amour chrétien en *ceci,* en même temps qu'en cela, et cela, et cela encore. Que je ne peux pas être, par exemple, professeur à temps plein, être un bon serviteur des étudiants dont je suis responsable, tout en poursuivant de multiples activités qui exigeraient, chacune, un temps aussi plein. Que je ne peux être *ici,* et là, et là encore, flottant partout sans être capable de prendre racine et d'exister vraiment quelque part. Tellement soucieux de tout le monde en général qu'il me deviendrait pratiquement impossible d'aimer quelqu'un en particulier, ou de veiller sur ces amours particulières dont je suis immédiatement

---

8. *Le point critique*, Paris, DDB, 1970, p. 130.

responsable, mon épouse, mes enfants, ou ces personnes que j'ai apprivoisées, qui m'ont apprivoisé, et qu'il ne m'est pas possible de laisser tomber.

En disant oui à la filiation divine, nous sommes poussés à dire oui à un amour universel. C'est pourquoi nul n'a le droit de fermer trop tôt le champ des engagements possibles, d'imposer à son cœur et à ses mains des frontières trop tôt tracées.

Une deuxième exigence, toutefois, s'est elle aussi formulée. En vertu de notre foi en l'Incarnation, nous confessons un Dieu qui respecte nos limites, qui les aime, qui nous aime dans nos limites. Comment, au nom même du Dieu que nous croyons, ne pas entrer (au moins un peu) dans le mouvement de sa tendresse ? Comment ne pas être tendres envers nos limites, celles que *nous sommes* ? Le Dieu de Jésus Christ attend de nous un second oui, qui est consentement amoureux à nos limites personnelles et collectives.

Un même acte de foi m'affirme capable d'impossible tout en m'interdisant de me prendre pour Dieu. Voici donc que la foi elle-même, si elle est chrétienne, me pousse à reconnaître que *tout n'est pas toujours possible.*

À chaque jour, donner souffle à ma vie en ouvrant un espace assez grand pour que puissent se nommer les choix possibles. À chaque jour aussi, décider *ceci.* Et donc mourir à tous les *cela* théoriquement possibles que la vérité et la vigueur de ma décision éloignent de moi, *mourir à tous les choix possibles qui deviennent, pour moi, concrètement impossibles.* Il n'est pas si simple et facile, on le voit, de toujours « faire son possible »...

5 Le poids de l'impossible

J E NE VEUX PAS parler de grandes ou de petites morts. Tout se jouant dans la liberté en acte, dans la décision, qui suis-je pour soupeser ma propre liberté ? Qui suis-je pour porter jugement sur le véritable poids des décisions dont les autres sont responsables ? Qui suis-je pour déterminer la lourdeur de leurs limites ? Pour mesurer leurs souffrances, les morts avec lesquelles ils sont en train de se battre, les deuils qu'ils ont à traverser aussi librement que possible ? La vie, là-dessus, se charge souvent de nous surprendre et de nous ramener à plus de pauvreté. La liberté de telle personne ou de tel peuple me paraît complètement étouffée, et voilà qu'elle se révèle capable d'impossible. Telle autre personne ou tel autre peuple auraient tout pour jouer le jeu grave de la décision et semblent se complaire dans l'irresponsabilité. Mais qui suis-je pour m'arroger le pouvoir de « sonder les reins et les cœurs » ?

Il me semble pourtant qu'on peut encore apporter deux précisions qui, sans qu'elles permettent d'évaluer la liberté comme on mesure une chose, aideront à mieux comprendre (et surtout, faut-il espérer, à mieux vivre) notre corps à corps avec la mort.

Plus lourdes sont les limites de nos vies, faut-il d'abord préciser, *plus se trouve rétréci le champ des choix concrètement possibles.*

Ce n'est pas parce qu'une famille assure avec peine le pain de chaque jour qu'elle devient sourde à l'invitation des départs en vacances : affiches publicitaires, journaux, télévision, tous ces appels au large qui sont autant de rappels de ses maigres capacités financières et d'un possible... qui lui est impossible. En même temps que les gouvernants invitent patrons et syndicats au dialogue, la « rationalité économique » ferme des usines, élimine des emplois, crée des chômeurs qui n'ont aucune prise sur les décisions qui leur tombent dessus. Il est facile de rationaliser l'économie quand les profits escomptés viendront gonfler des poches déjà pleines. Pour les chômeurs, l'horizon se ferme. Un peuple soumis à un régime dictatorial rêve de liberté. Quelles sont ses marges concrètes de manœuvre, dans sa lutte pour promouvoir et instaurer des institutions qui garantiront un certain espace aux libertés individuelles et collectives ? Quels sont ses possibles réels ?

À propos d'une maladie qui promet de durer et s'aggrave progressivement, j'ai parlé plus haut de l'effet-entonnoir. Le malade continue de rêver « l'impossible rêve » chanté par Jacques Brel. Mais quand vient le temps des décisions, l'éventail des choix possibles se referme dangereusement : que de non à vivre, à assumer ! Le champ des engagements diminue peu à peu, l'autonomie se perd, il faut renoncer à des activités qui nourrissaient la joie de vivre. Certains en viennent même à se demander si la joie est encore possible, tellement aucun pétillement ne réussit à faire surface, à traverser l'épaisseur des limites. Où cette dégradation conduira-t-elle le corps et le cœur ?

Et que dire des personnes psychologiquement blessées ? Profondément blessées, parfois meurtries en très jeune âge ? Celles, par exemple, qui n'ont pas été aimées. Ou qui ont été mal aimées. Elles ont le droit, elles aussi, de rêver l'impossible rêve d'un amour sans limites. Elles ont droit à l'amour ! Quelle souffrance, pour elles, de ne pas savoir si leurs blessures guériront un jour et si l'amour les visitera enfin. Pire encore, peut-être, quelle souffrance de ne pas être sûres qu'elles deviendront elles-mêmes capables d'aimer, de bien aimer. Le moment de grâce viendra-t-il où la gratuité de l'accueil et du don leur sera possible ? En attendant ce moment, elles vivent le présent comme le temps de l'impossible. De la mort.

Il faut encore ajouter, et ce sera la seconde précision : *plus la décision engage profondément la liberté de chacun, plus elle donne une sorte de profondeur aux « oui » et aux « non » dont nous sommes responsables.*

J'ai utilisé, dès l'introduction, une formule qui a pu paraître exagérée, bonne tout au plus à faire choc : *nul ne peut décider de vivre sans décider de mourir*[9]. J'espère avoir suffisamment montré que cette formule vaut pour toutes les décisions que nous devons prendre jour après jour. Il reste qu'elle s'applique avec plus de gravité à nos engagements les plus fondamentaux.

Parmi ces décisions, la plus grave est sans doute celle de *devenir soi*. Pour un chrétien, Dieu lui-même veut dépendre de ce devenir original, unique, dont personne d'autre que chacun ne peut assumer la responsabilité[10].

Mais quels non à assumer quand on veut se dire un vrai oui à soi-même ! Quels renoncements et quelles morts à vivre ! M'habiter tout en disant non aux charmes factices de l'égoïsme, aux attraits de l'enfermement sur soi. Repartir constamment vers les autres tout en mourant au besoin de fusion, sans me fondre en eux, sans y perdre mon identité. Pauvre et disponible, les accueillir dans ma vie, non pas uniquement pour satisfaire mes besoins mais aussi pour écouter la parole, elle-même originale (et dérangeante !), qu'ils ont à me dire. M'engager socialement, en politique ou ailleurs, même s'il me faut, à la fois, renoncer à la chaleur du *cocooning* et mourir à mes appétits d'un pouvoir de contrôle. Être quelqu'un dont les convictions demeurent nettes et fermes, traversent le temps, sans se muer en asservissement à

---

9. Cf. p. 11.
10. Cf. *Foi chrétienne, op.cit.,* p. 86 et suiv.

une « cause », une cause qui promet peut-être une certaine gratification, mais serait déshumanisante pour moi et pour les autres. Dire à Dieu un oui qui le respecte comme le Tout-Autre sans en faire une idole, un oui qui honorera son infini respect pour ma propre liberté.

La mort, sous de multiples visages, m'attend à chaque détour de ma vie. Comment *devenir moi* si je refuse de relever les défis qu'elle me lance ?

Parmi les décisions grandes et graves de nos existences, il faut également compter ce qu'on appelle les « choix de vie », ces options dont on veut qu'elles engagent longuement l'existence, qu'elle traversent, si possible, toute la durée de la vie. Ici encore, et de façon très claire, nul ne peut décider de vivre sans décider de mourir.

Je ne peux, par exemple, décider en faveur du mariage, m'engager dans une union de longue durée et jurer à quelqu'un fidélité « pour la vie », sans décider de mourir à un agir, des attitudes et des comportements qui caractérisaient ma vie de célibataire. Que deviendra la relation à ma conjointe si je trouve du temps pour tous sauf pour elle, si je ne peux faire mon deuil d'engagements, de loisirs et de sorties qui me mènent partout sauf auprès d'elle ? Que valent mon projet et ma décision si je flirte avec toutes les femmes que je trouve attrayantes ?

« Pourquoi n'aimer qu'une femme quand on pourrait en aimer mille, demande Don Juan qui, en vertu d'une intuition originellement authentique, se précipite contre les barrières de la finitude ; [il voit] l'éternité se dérober dans la multiplicité des instants où il voulait la conjurer[11]. » Je suis capable d'un amour illimité, voilà l'« intuition authentique ». Mais la vérité de mon projet de vie exige la décision d'un amour particulier et limité, sans quoi c'est mon projet qui est promis à la mort, qui ira se dissoudre dans l'éparpillement des multiples rencontres et des conquêtes successives.

Un couple, par ailleurs, ne peut pas décider l'entrée d'un enfant dans sa vie sans que celle-ci n'en soit bouleversée, sans que les conjoints n'aient à décider de mourir à une existence à deux dans laquelle ils étaient confortablement installés. Voici qu'ils doivent s'extraire de ce confort. Presque tout doit être réaménagé : le sommeil est écourté, les corps s'alourdissent de fatigue, les sorties à deux se font plus rares, il devient difficile de rencontrer les amis. Le bonheur est là, mais au prix d'innombrables renoncements, de morts au quotidien. Cet engagement, de surcroît, promet de durer longtemps, même s'il est appelé, au fil des années, à se vivre différemment. Les parents peuvent en effet espérer que leurs enfants, devenus jeunes adultes, n'auront plus besoin d'eux et voleront de leurs propres ailes. Mais qui peut dire le moment où se termine réellement, concrètement, la responsabilité des parents envers leurs enfants ?

Les personnes qui optent pour le célibat n'échappent évidemment pas à ce poids d'impossible que crée tout choix

---

11. Hans Urs Von Balthasar, *L'amour seul est digne de foi*, Paris, Aubier, 1966, p. 78.

de vie. À la condition, bien sûr, que leur célibat soit voulu, décidé aussi librement que possible.

Je n'en veux pas aux formateurs qui m'ont introduit à ce qu'il est convenu d'appeler « la vie religieuse ». Ils ont fait ce qu'ils ont pu, avec les moyens qui étaient alors les leurs. Je suis quand même conscient de la sorte d'idéalisme spiritualisant dans lequel baignait notre formation, particulièrement notre préparation à la vie célibataire.

« Eunuques pour le Royaume des cieux », nous étions invités à mourir à la Femme. Renoncement facile... tellement la Femme n'existe pas. C'est une autre chose, aux implications plus lourdes, de décider un mode de vie où *une femme* sera pour toujours absente. Il faut alors mourir à la présence d'une personne qui pourrait être là et n'y sera jamais. Une personne avec laquelle cheminer dans un type d'intimité irremplaçable et découvrir avec elle des visages de l'amour dont le célibataire doit faire son deuil. De cette absence, de ce vide et de cette mort on ne m'a jamais parlé.

Je ne veux pas discréditer le célibat. Je dis seulement qu'une personne ayant choisi le célibat comme projet de toute une vie, si elle veut que son choix soit libérateur, doit être consciente de ce à quoi elle renonce et assumer la mort que sa décision implique. Autrement, pour reprendre une autre expression formulée plus haut, *au lieu de fabriquer de la vie, elle risque de semer la mort en elle et autour d'elle*[12]. La vie

---

12. Cf. p. 8.

communautaire des religieux, par exemple, peut fort bien devenir le lieu d'un chantage affectif, tel membre de la communauté, mal assuré dans son célibat, attendant des autres qu'ils comblent un vide qu'ils sont impuissants à combler. Tous et chacun, mais aussi la communauté comme communauté, en sortent perdants.

Troisième partie

LE TRAVAIL
DE LA MORT

NOUS VIVONS constamment avec le poids d'impossible dont je viens de parler. Et nous devons, jour après jour, lutter avec la mort que cet impossible provoque. Lorsque nous parlons de la mort, pourtant, les réactions spontanées et le langage courant renvoient presque toujours à une sorte de *point final* de l'existence terrestre. J'en ai l'illustration depuis que j'ai commencé l'écriture de ce livre : j'ai beau dire aux personnes à qui j'en parle mon souci de la mort vécue au quotidien, les propos glissent après un moment et reviennent irrésistiblement à la mort comme « point final de la vie ».

Voilà donc à quoi renvoie quasi exclusivement le mot « mort » : un être était vivant et ne l'est plus. Une personne faisait son petit bout de chemin dans le temps, elle écrivait sa propre histoire dans la grande histoire de l'humanité, et voici que la dernière page est tournée. Elle est passée de vie à trépas, comme on entend souvent dire. Je parlerai de cette mort comme de la *mort terminale.* Dans le long récit que racontent nos existences, elle est le point qui vient fermer la dernière phrase.

Le prochain chapitre sera consacré à cette mort terminale. Je m'interroge sur elle et voudrais d'abord partager quelques-unes des questions qui m'habitent. Je dirai ensuite un mot sur le travail de destruction de la mort terminale.

L'objectif, on le voit, est ici limité. Sa poursuite devrait cependant introduire les enjeux soulevés dans le chapitre suivant et permettre, faut-il espérer, de mieux comprendre à quelles profondeurs nous atteint le travail des morts quotidiennes.

6 La mort terminale

S I JE N'AI PAS abordé jusqu'à présent la question de la mort
terminale, ce n'est pas que j'aie voulu voiler frileusement
son visage, nier ses ravages, son travail destructeur. Mais
j'espère avoir suffisamment montré comment la mort ne doit
pas être repoussée et emprisonnée dans cette sorte d'au-delà
du dernier moment de nos vies. C'est aujourd'hui, ici et
maintenant, que nous avons à relever le défi de la mort. Car
c'est ici et maintenant que mort et vie, ensemble, nous font signe.

En débusquant la présence de la mort jusque dans la vie
quotidienne la plus banale, nous ne calmons pas pour de
bon les inquiétudes, l'angoisse même, qui peuvent monter
en nous dès que nous pensons à la mort terminale. Chacun,

toutefois, n'est-il pas invité à convertir le regard qu'il porte sur la mort?

Quelques questions

On aura facilement deviné que je m'interroge sur la mort terminale. Plus précisément *sur les relations réelles que chacune ou chacun d'entre nous entretient aujourd'hui avec sa propre mort terminale.* Est-ce avec elle que nous devons nous battre dans un corps à corps quotidien? Est-ce surtout d'elle que nous avons peur? La réflexion poursuivie jusqu'à présent sur les morts quotidiennes autorise, me semble-t-il, les questions que j'ose maintenant partager.

1. Beaucoup affirment craindre moins la mort terminale que les souffrances qui risquent de la précéder. Bien sûr, la médecine a fait d'énormes progrès pour alléger la souffrance physique. On tente par ailleurs d'aider les personnes à mourir dans la dignité et de permettre un meilleur accompagnement de ceux et celles qui sont en train d'affronter cette échéance ultime. Ne se tait pas, pour autant, notre crainte sur les moments qui *précéderont* notre mort. Quel poids de souffrance devrai-je endurer avant que la mort ne vienne m'arracher à la vie? Aurai-je la force de vivre dignement ces souffrances? *Pendant le temps de nos vies, cette peur des moments* précédant *la mort terminale n'est-elle pas souvent plus forte que nos appréhensions devant le moment même de la mort?* Autant mourir « de mort subite », est-on porté à souhaiter.

2. Notre père manifestait si ouvertement sa peur de la mort que nous craignions tous le jour de son face à face avec elle. Un cancer généralisé l'a emporté rapidement et... tout doucement. Lorsque, pendant les dernières heures, il est tombé dans l'inconscience, nous sommes allés chercher notre mère. Dès son arrivée au pied du lit, papa s'est réveillé brusquement, s'est assis sur son lit, et lui a dit simplement : « Comme tu es belle ! » Aussitôt après cette dernière déclaration d'amour, il est redevenu inconscient. Puis il s'est éteint au bout de quelques heures. *Malgré ce que nous pouvons imaginer et craindre aujourd'hui, comment savoir que notre rencontre avec la mort ne se fera pas d'une manière aussi douce et sereine ?*

3. La mort d'une personne aimée, d'un parent, d'un ami très proche, inflige une blessure profonde à « ceux qui restent ». La mort me laisse orphelin de quelqu'un dont l'affection m'apprenait le sens de l'existence, m'enfantait, en quelque sorte, à ma propre humanité. Je cheminais avec une personne dont la vie et l'amour m'ouvraient au mystère de la vie et de l'amour. Et voilà qu'une séparation physique vient casser ma relation avec elle. Désormais, nous ne cheminerons plus coude à coude, il ne sera plus possible de nous parler ou, plus simplement encore, de nous taire ensemble, soudés que nous étions par une tendresse mutuelle. Je me sens abandonné. C'est également moi que la mort visite, *en moi* qu'elle cause ses ravages : il me faut mourir à une relation qui était devenue une de mes raisons de vivre. On peut donc se demander : *si nous sommes tant brisés par cette mort, est-ce d'abord pour la personne et ce qui vient de se passer en elle ? N'est-ce pas plutôt pour nous, les « survivants », désormais forcés*

de composer avec la déchirure qui a traversé notre vie d'aujourd'hui ?

4. Devant la mort terminale, écrit J.-P. Sartre, « il faudrait nous comparer à un condamné à mort qui se prépare bravement au dernier supplice, qui met tous ses soins à faire belle figure sur l'échafaud et qui, entre-temps, est enlevé par une épidémie de grippe espagnole[13]… ». Ce n'est pas sans raison que Sartre a été accusé de proposer une vision de la mort qui sombre dans l'absurde et le fatalisme : toutes les morts ne sont pas une sorte d'accident de parcours qui survient inopinément et nous enlève sans prévenir. Il y a pourtant du vrai dans ce qu'il dit ici. Personne n'a le pouvoir de contrôler le moment et les circonstances de sa rencontre avec sa propre mort terminale. Les innombrables accidents de la circulation, les bombes de terroristes qui tuent aveuglément, une maladie qui frappe comme un éclair et ne laisse aucun temps de préparation… Pensant à notre mort, nous rêvons probablement d'une longue approche d'apprivoisement et d'apaisement. Mais j'ai beau me préparer soigneusement à la mort, m'apprêter à faire belle figure, aiguiser mon courage ou tenter d'apprendre la sérénité, *qui (ou quoi) m'assure qu'elle ne surgira pas à l'improviste, « comme un voleur »* ?

5. Il est normal qu'une personne âgée soit préoccupée par la mort terminale. L'échéance se rapproche. D'autre part, comment quelqu'un pourrait-il l'éliminer de ses pensées et de son coeur, ne pas être en lutte quotidienne avec elle, quand

---

13. *L'être et le néant,* Paris, 1943, p. 617.

il se sait atteint d'une maladie qui promet pour bientôt la fin de ses jours ? Il ne s'agit donc pas de nier ces situations vécues qui instaurent une sorte de compagnonnage immédiat avec la mort terminale. Mais qu'en est-il vraiment pour la plupart d'entre nous ? À vingt, quarante, soixante ans, on travaille, on s'amuse, on se repose, on aime. Bref, on est en vie. Je me demande donc : *la mort terminale hante-t-elle suffisamment nos existences quotidiennes pour que ce soit d'elle que nous parlions quand nous disons que la vie constitue un corps à corps avec la mort ?*

Un travail
de destruction

Ces questions n'éliminent pas magiquement la mort terminale et le cortège de souffrances qui peut l'accompagner. D'autre part, personne ne peut vivre sa vie sans que la pensée de sa propre mort ne s'introduise, subrepticement, dans le champ de sa conscience. On aimerait l'ignorer, lui fermer la porte au nez. Mais aucune cuirasse n'est assez résistante pour protéger contre les visites inopinées de cette indésirable.

Certaines personnes semblent loin de lutter avec la mort terminale comme avec un adversaire invincible. Elles ont, sur elle, des paroles empreintes de sérénité. La mort fait partie de la vie, de leur vie. Passage ultime, elle s'inscrit dans la coulée des innombrables passages qui ont fabriqué leur existence. D'autres, et pour des raisons très différentes, souhaitent la venue de la mort : « Si Dieu peut venir me chercher... » Elles sont épuisées d'avoir tant souffert. La vie leur fut trop pénible, cruelle même. Elle continue de les briser dans leur corps, leur esprit, leurs amours. Le dernier moment sera, enfin !, celui de la délivrance.

Ai-je cependant tort de penser que la plupart des humains, pendant le temps de leur histoire, ne vivent pas avec la mort des rapports de sérénité ? Ou que, loin de la considérer comme une délivrance, nous souhaiterions en retarder l'échéance le plus longtemps possible ? Ce n'est pas sans raison que certains évitent d'y penser ou font tout pour l'évacuer du champ de leur conscience...

« La grande faucheuse » : voilà sous quels traits la peinture a souvent représenté la mort terminale. Elle vient faucher dans nos vies, faucher la vie. Son premier travail, c'est de couper, d'*arracher* à une existence à laquelle, malgré tout, en dépit de tout, nous continuons de tenir.

Quels sont quelques-uns des arrachements que nous pouvons déjà pressentir et appréhender ? Arrachement, pourtant banal en apparence, aux petites habitudes qui tissent le quotidien, qui ont colonisé le maigre territoire de ma vie, l'ont rendu familier, habitable, et me permettent d'y vivre relativement heureux. Arrachement aux plaisirs qui éclatent comme des bulles et font pétiller certains de mes jours, plaisirs d'un bon repas partagé dans la joie, d'un air de musique, de caresses reçues ou données. Arrachement à un engagement dans lequel j'avais investi mes énergies et qui restera inachevé, à un travail peut-être passionnant dont je ne verrai pas l'accomplissement. Arrachement au bonheur d'amours et d'amitiés qui me viennent comme le plus beau des cadeaux : aimer et être aimé, aller vers quelqu'un sous les poussées de la tendresse, accueillir des regards qui me trouvent beau. Arrachement à une relation dont on a l'impression qu'elle reste en friche, alors qu'un pardon n'a pas réussi à se vivre et à se formuler, ou que les mots ne sont pas encore parvenus à dire, à bien dire, une affection qui, pourtant, faisait vivre la vie. Arrachement à la « chair de sa chair », à des enfants que les parents ont mis au monde et sur lesquels leur tendresse a longuement et patiemment veillé. Arrachement à un amour qui a su se traduire en durée, fidélité toujours jeune de couples qui, sous le soleil ou dans les tempêtes, et sans jamais sombrer dans la morne habitude, ont pu réinventer les gestes de la tendresse ; les yeux continuent de briller quand l'un et l'autre se regardent, les mains se cherchent, les deux voudraient que ne se termine jamais ce long et beau pèlerinage.

Et après la mort... ?

Si nous savions, au moins, ce qui se passe après la mort. Pire encore : si nous savions... qu'il se passe quelque chose ! Et voici un second trait de la mort terminale : elle fauche nos vies, mais sans garantir à la raison, hors de tout doute, que son travail n'est pas l'ultime absurdité. Y a-t-il un « quelque part » où nous retrouverons les personnes aimées ? Y a-t-il quelque chose ? Quelqu'un ?

L'Express publiait récemment[14] une entrevue avec Jean Guitton, maintenant âgé de 93 ans. On demande à ce vieux chrétien convaincu, philosophe de métier, auteur de plus de cinquante ouvrages : « Quand on vous interroge sur l'éternité, vous dites : *"L'au-delà, je ne sais pas ce que c'est, parce que, justement, c'est l'au-delà"*. En avez-vous peur ? » Et Guitton de répondre : « *Face à la mort, je ressens, d'abord, une grande curiosité, parce que je vais enfin vérifier si ce que j'ai dit à propos de l'éternité est vrai ou faux !* » Affirmation surprenante, de la part de quelqu'un qui a justement écrit un très beau livre sur… le temps et l'éternité. Il ne sait pas ce qu'est l'au-delà, il n'est pas sûr d'avoir dit vrai à propos de l'éternité.

Du moins a-t-il la chance, penseront plusieurs, de croire qu'*il y a* un au-delà, une éternité. Mais personne n'est revenu de l'éternité pour nous dire *de quoi* elle est faite. Bien plus, aucun être véritablement humain, de chair et de sang, n'est revenu de la mort nous dire qu'*il y a* une éternité. Comment démontrer, prouver que la mort ouvre sur une éternité ?

---

14. N° 2275, 16 février 1995.

Mais aussi, et d'un même souffle, comment démontrer, prouver qu'il n'y a rien au-delà de la mort terminale[15]? Soyons clairs là-dessus : tant l'existence de l'éternité que son inexistence exigent un acte de foi, que cette foi soit religieuse ou d'un autre ordre. Aucune nécessité biologique, aucun raisonnement de l'intelligence, aucune formule mathématique ne peuvent, là-dessus, avoir force de preuve.

La mort arrache à des bonheurs, petits et grands. Elle pousse aussi vers l'inconnu en concluant l'écriture de nos vies par un immense point d'interrogation. Comment ne ferait-elle pas peur, d'une peur qui peut parfois virer à l'angoisse?

---

15. Dans l'entrevue déjà citée (cf. plus haut, p. 24), le philosophe A. COMTE-SPONVILLE, athée déclaré, a raison d'affirmer : « Il s'agit de croire que Dieu n'existe pas et non pas de le savoir. Quelqu'un qui dirait : *"Je sais que Dieu n'existe pas "*, n'est pas un athée, c'est un imbécile. La vérité, c'est qu'on ne sait pas. Et c'est parce qu'on ne sait pas qu'il s'agit de croire ou de ne pas croire. » Le philosophe prend bien soin d'ajouter : « Je dirais d'ailleurs la même chose pour les croyants. Si quelqu'un me dit : *"Je sais que Dieu existe "*, pour moi ce n'est pas un croyant, c'est un imbécile. »

7 Le travail des morts quotidiennes

POUR QUICONQUE décide de mettre en pratique les paroles de Jésus, « faire son possible » n'a rien d'un laisser-aller paresseux et irresponsable. Au contraire. Plus un être humain s'y engage, plus il doit affronter la mort et vivre le deuil.

La chose est surprenante, mais quand on parle de deuil, on désigne presque toujours l'affliction de ceux qui restent après la mort d'un proche. Pourquoi ne pas parler des deuils, si nombreux et souvent cruels, qu'ont à traverser les personnes qui se savent au seuil de leur propre mort terminale ? Et pourquoi jeter un voile sur les deuils à vivre dans le quotidien de nos vies, dans les décisions auxquelles nous sommes tous et toutes confrontés ? Si les décisions sont souvent difficiles, si nous les retardons parfois le plus longtemps possible, c'est probablement à cause de la face sombre de toute décision, à cause de son poids de mort, des arrachements qu'elle exige et de tous les deuils auxquels elle convie.

Le fil de la réflexion pousse à parler du travail des morts quotidiennes en des termes étonnamment proches de ceux utilisés à propos de la mort terminale. Celle-ci *arrache* et conduit *on ne sait trop où*. N'en va-t-il pas ainsi des morts qu'il nous faut décider de vivre jour après jour ?

Tant de deuils à vivre

Quiconque décide librement de faire son possible s'expose, me semble-t-il, à des deuils, à des arrachements de deux ordres.

Le premier type est devenu trop évident, faut-il espérer, pour qu'il soit nécessaire d'insister. Soucieux de m'habiter moi-même et d'habiter mon monde, assez lucide, assez tendre aussi envers moi-même pour vivre ma vie en respectant mes limites et les limites du monde qui est le mien, il y a une foule de choix théoriquement possibles auxquels je dois m'arracher. Les limites de mon corps, la fragilité de mes amours, une conduite jamais parfaite des relations inter-personnelles et une organisation toujours imparfaite des rapports collectifs : mon existence de croyant est aux prises, jour après jour, avec de nombreuses contraintes. Aucun chrétien ne peut se soumettre passivement à ces contraintes, car semblable démission serait un refus concret de l'impossible amour que la foi confesse comme possible. Mais personne n'a le droit, non plus, de nier l'omniprésence des limites et de faire volte-face devant la mort que toute décision humaine promet. Autrement, redisons-le, « fuite dans le sublime ».

Depuis les décisions apparemment banales qui écrivent au quotidien l'histoire de mon existence jusqu'aux choix de vie qui engagent le long terme, tant de choses dont je dois et devrai faire mon deuil ! Tant de possibles qu'il me faut écarter, auxquels je dois m'arracher et mourir… *pour que ma décision vive.* Pour que je sois un être humain en vie !

Mais voilà justement un défi, peut-être le plus grand, que doit relever toute personne qui se dit chrétienne : sa foi la renvoie à sa condition d'*être humain.*

Il est normal que la peur nous saisisse lorsque la grandeur de nos responsabilités et la gravité de nos décisions viennent se heurter à la petitesse de nos vies. Cette peur peut même virer à l'angoisse. Qui suis-je pour honorer les responsabilités qui me sont confiées ? Pour témoigner de la vie quand la maladie me marque du signe de la mort ? Pour promettre un amour qui traversera le temps alors que me sont si difficiles les petits gestes de la tendresse quotidienne ? Pour éduquer des enfants à une liberté dont je n'ai pas encore découvert les secrets ? Pour m'engager dans la conduite des rapports sociaux, politiques ou autres, moi qui ai tant de peine à bien vivre avec moi-même et avec les personnes proches ?

Les peurs font naître la plus grave des tentations, la tentation de jouer à la perfection, la tentation de se prendre pour Dieu. Et nous voici introduits à un deuxième arrachement, à la mort la plus difficile à vivre : *il nous faut mourir à la prétention que nous sommes Dieu.*

« Se prendre pour Dieu ». L'expression est revenue régulièrement tout au long de ce livre. Pense-t-on, par une telle prétention à la perfection, guérir les peurs et exorciser l'angoisse ? Il y a fort à parier qu'elle produira l'effet contraire, qu'elle les nourrira au lieu de les apaiser.

Nous rejoignons ici, me semble-t-il, l'analyse d'Eugen Drewermann[16] : « Je comprends maintenant fort bien que les hommes en butte à la peur, isolés dans leur peur, soient livrés à la hantise de devenir parfaits, à la façon d'un être total, absolu, finalement à la façon d'un être divin. Il ne faut plus commettre une seule faute, ne plus se permettre une seule défaillance, rien qui puisse tomber sous la critique, rien auquel on puisse avoir à redire. » Une telle hantise, ajoute le psychothérapeute et théologien, nous rend cependant prisonniers d'un cercle vicieux, ce cercle qui « consiste en ce que l'homme *croit devoir devenir comme Dieu* pour se défaire

---

16. *La parole qui guérit,* Paris, Cerf, 1993. Les citations sont prises aux pages 44-45, et les italiques sont de moi.

de la peur qu'il en coûte d'être homme, et que, rétroactivement, *plus il veut être Dieu, plus il éprouve de honte à n'être qu'homme.* »

On peut se servir de la foi (l'impossible n'est-il pas devenu possible?) pour justifier et nourrir cette « hantise de devenir parfaits ». J'en ai parlé dans mon livre précédent, quand je voulais préciser la nature de l'*orgueil,* cette forme pervertie de la *fierté*[17]. Quand il cède à « la peur qu'il en coûte d'être un homme » et « croit devoir devenir comme Dieu », l'être humain, toujours selon Drewermann, « impose fondamentalement la logique de l'angoisse et sombre finalement dans un monde qui ne connaît plus la pitié, mais seulement le jugement, le masque, la dissimulation, le préjugé. »

Personne ne peut se libérer des enfermements de la peur et de l'angoisse, arracher ses masques, se guérir de la dissimulation et des préjugés mortifères, s'il ne décide pas de mourir à sa hantise de devenir parfait, à sa prétention de devenir comme Dieu. Personne ne peut apprendre la fierté, la tendresse, la pitié, la miséricorde, au fond la liberté!, s'il ne meurt pas à ses appétits d'un contrôle messianique sur sa vie et celle des autres. Dieu est Dieu! Et c'est par un *engendrement gratuit* que je peux vivre la fierté d'un fils ou d'une fille de Dieu.

---

17. Cf. *Foi chrétienne, op.cit.,* p. 41 et suiv.

L'apprentissage de cette fierté m'est refusé si je me vois et agis comme alpha et oméga de mon existence, père et mère de ma vie, capable de m'engendrer moi-même à la liberté. Il nous faut donc apprendre qu'il n'y a pas de véritable décision sans *lâcher-prise*, sans *dé-prise*, et, pour un croyant chrétien, sans déprise au profit du Dieu-engendreur.

Les silences de Dieu

Dans le concret de mon existence quotidienne, la mort arrache. Mais pour me lancer vers quoi? Vers qui? Semblable question introduit au deuxième travail de la mort.

Dieu a l'art de se taire précisément dans les moments où j'aurais le plus besoin qu'il parle. Il ne me dicte pas la décision à prendre quand je me trouve en butte, par exemple, à tel moment particulièrement délicat de notre vie de couple ou de l'éducation de nos enfants. Ou quand je cherche la solution sociale à nos maux sociaux. Ou quand il nous faut effectuer un choix politique dont dépend l'avenir de notre peuple. Qui ou quoi peut me garantir, hors de tout doute, que mon acte de déprise ne me lâche pas dans le néant mais me dirige vraiment vers quelqu'un qui m'aime et veut me découvrir l'amour?

Dieu semble parfois si terriblement absent quand je voudrais décider d'être en vie *dans* les morts qu'un corps malade me propose, *dans* mes interrogations inquiètes sur le sens de la vie, *dans* les blessures de mes amours. Qui ou quoi peut me garantir, hors de tout doute, qu'il me faut lâcher prise au profit d'un Dieu déjà là, et déjà en train de me guérir ?

Je pense que Dieu se tait pour que nous puissions prendre la parole. Il *doit* se taire, afin que notre parole soit une parole humainement libre [18]. Je peux découvrir après coup, parfois très longtemps après ma décision, qu'il était là, amoureusement et respectueusement présent à ma liberté. Au moment de la décision, toutefois, combien lourd à vivre peut être ce silence...

Rappelons-nous une autre fois le cri de Jésus : « Mon Dieu, mon Dieu, pourquoi m'as-tu abandonné ? » (Mt 27, 46) Au terme de son existence sur terre, Jésus se heurte au pesant silence de Dieu. Les disciples, l'un après l'autre, l'ont laissé tomber. Et voici qu'il se sent abandonné non seulement des hommes et des femmes qui l'avaient jusqu'alors suivi, mais de celui-là même auquel il a voulu consacrer sa vie tout entière. Dieu se tait. Il semble avoir oublié l'homme qui n'a vécu que pour lui.

Voilà bien, pour un croyant, la plus terrible des morts. La mort que nous font vivre les silences de Dieu.

---

18. Ce n'est pas le moment de développer ce thème. J'y reviendrai dans le prochain livre de cette série.

Quatrième partie

QUAND
LA MORT
NOUS VISITE

8 Pour que les morts ne tuent pas en nous la vie

NOUS NOUS ÉTIONS lancés, huit étudiants et moi, dans un long pèlerinage de trois mois jusqu'à Jérusalem. Au bout de trois semaines, j'étais sûr que le groupe éclaterait. Nous vivions en camping, les uns constamment avec les autres, éprouvant le choc de mentalités, de sexes, d'états de vie différents. Un vieux proverbe nous a aidés à tenir, que nous nous redisions régulièrement : « Seuls des fous croyaient que la chose n'était pas impossible. Et ils la firent !... »

Mon livre précédent avait raison d'avancer que la foi n'est pas pour les gens trop sages. Il faut être fou pour confesser la tendresse du Dieu de Jésus Christ et son respect infini de la liberté humaine, pour affirmer sa présence au cœur des décisions qui font de nous des êtres humainement en vie. Il n'y a pas de décision de vivre, en effet, qui ne soit aussi décision de mourir. L'omniprésence des limites rappelant que nous ne sommes pas Dieu, elle invite ultimement à la plus grave des décisions, celle de lâcher prise. Mais jusque dans l'acte de déprise, Dieu se refuse de décider à notre place. Il se tait. Seuls des fous, en vérité, peuvent alors croire que la vie et l'amour ne sont jamais impossibles.

Acteurs de ce grand jeu de la vie et de la mort, ne cédons pas à la tentation d'affirmer trop rapidement une victoire définitive, en Jésus Christ, de la vie sur la mort. Il faut se méfier jusqu'au bout des réponses trop tôt venues : elles n'ont pas entendu suffisamment les questions et risquent d'accentuer le mal de vivre au lieu de le guérir.

Au terme de la présente démarche, je reviendrais plutôt aux mots de Drewermann cités en introduction : « Celui-là seul qui a le courage de "descendre aux enfers" pourra parler du "ciel" et par là tenter d'arracher toute une vie à la captivité de la mort. » Si la foi veut se faire espérance et témoigner d'une vie plus forte que toute mort, il lui faut en effet du courage, le courage d'habiter sans tricher les morts de tous les jours.

La descente jusque dans la profondeur du gouffre, jusque dans le silence de Dieu, a déjà appris, me semble-t-il, des choses importantes sur ce que vivre chrétiennement veut dire. Je me contenterai, en terminant, d'en ressaisir quelques-unes. Non pas pour faire disparaître, d'un coup de baguette, le spectre des morts quotidiennes, mais pour dégager quelques conditions à rencontrer si nous voulons que les morts ne tuent pas en nous la vie, si nous voulons que notre espérance demeure entêtée dans son désir d'arracher la vie à la captivité de la mort.

Savoir reconnaître ses limites

La santé de notre vie chrétienne exige que nous sachions d'abord reconnaître aussi lucidement que possible les limites qui grèvent notre existence. Je sais que la chose est loin d'être toujours facile. Combien de temps faut-il à un malade ou à une personne qui se fait âgée, par exemple, avant qu'ils ne reconnaissent les limites désormais imposées par leur corps, la diminution des choix qui leur restent possibles et, surtout, les activités et engagements auxquels il leur faut maintenant renoncer? Je ne vois pourtant pas comment, sans un regard lucide sur nos limites, nous pourrions poursuivre le long apprentissage de la vie de foi.

Avons-nous appris, toutefois, que la foi elle-même exige une telle reconnaissance des limites?

J'avais quitté l'hôpital le Vendredi Saint, encore ébranlé par un séjour qui avait commencé à l'unité des soins intensifs. Le dimanche suivant, je décide d'aller ressourcer mon espérance à l'eucharistie pascale d'une petite communauté. L'homélie fut belle et reflétait une foi profonde en la toute-puissance de la résurrection. Et pourtant, elle m'apparut étrange et étrangère. Loin de raviver mon espérance, elle créait un malaise qui ressemblait à de la tristesse. Pourquoi produisait-elle cet effet ?

En fait, je me sentais poussé à opérer un divorce entre la résurrection (ou, plus justement, la manière dont l'homélie en parlait) et ce que je venais de vivre à l'hôpital. On avait raison de m'inviter à entrer dans la vie du Ressuscité. Mais cette entrée semblait exiger que j'efface d'abord les journées précédentes, que j'impose silence aux souffrances vécues. Une question se formulait en moi : *faut-il taire les limites et la mort pour parler chrétiennement de la vie ?*

Quiconque a un peu souffert (et donc tout le monde !) comprendra, j'en suis sûr, le sens de l'interrogation que je viens de soulever.

Il n'est pas question de nier que la foi invite à se laisser emporter dans le courant de la résurrection. Mais pour expérimenter à quel point la vie, en Jésus Christ, est plus forte que toute mort, est-il nécessaire, et possible, et chrétiennement souhaitable, de faire « comme si » nos existences n'étaient plus visitées par les limites ? Et donc par les morts que ces limites font vivre quand vient le temps des décisions ? Comment nous sentir respectés et aimés en tout ce que nous sommes et en tout ce que nous vivons, si la foi en la résurrection de Jésus condamne à l'insignifiance nos deuils d'hier, d'aujourd'hui, et ceux qui s'annoncent pour demain ?

Ce ne sont pas les limites qui, d'elles-mêmes, font peur. Ce que nous appréhendons plus ou moins consciemment, ce sont les décisions qui attendent et nous feront mourir à la prétention que nous pouvons tout être et tout faire. Si, par ailleurs, je ne reconnais pas mes limites et refuse d'entretenir avec elles une relation de convivialité, comment vivre libre, à la manière d'un homme ou d'une femme responsable de ses décisions ? Un tel manque de tendresse envers moi-même, et donc envers les limites que je suis, conduit tout droit à une paralysie de la liberté.

Y a-t-il rien de plus néfaste, en effet, que de jouer le jeu de la perfection ? Ou je me targuerai de détenir, pour telles et telles situations données, le secret de « la » décision idéale, et tenterai d'y contraindre ma vie et celle des autres. Je deviens alors un moralisateur qui impose au lieu de proposer, qui juge et condamne d'autant plus aisément qu'il est lui-même incapable de passer aux actes, de mettre en pratique, dans sa propre vie, l'idéal rêvé. Ou je resterai indéfiniment en suspens, remettant sans cesse à plus tard le moment de la décision, jusqu'à devenir, à la limite, incapable de décider quoi que ce soit. Puisqu'il y a une telle distance entre la claire perfection à laquelle je prétends et le clair-obscur des situations que la vie me donne à vivre, pourquoi et comment décider quoi que ce soit ? En toute hypothèse, n'importe quelle décision serait trahison de l'idéal. Masquant parfois mon indécision derrière les allures d'un sage qui ne veut rien précipiter, j'attends... Pendant cette attente, cependant, la vie va sans que j'assume les responsabilités qu'elle continue pourtant de me confier.

Peut-être veut-on, grâce à un tel non-respect des limites, sauver la foi, l'absolu de la foi ? Répétons-le : nous sommes baptisés dans la résurrection de Jésus Christ, mais aussi dans sa mort. Jésus lui-même, dans son œuvre de salut, a refusé de court-circuiter la mort. Tout disciple qui entend lui être fidèle et mettre son enseignement en pratique est donc poussé à reconnaître ses propres limites et, par là, à mourir à la perfection de décisions « chimiquement pures ». Paradoxalement peut-être, cette difficile exigence de vérité doit être honorée si on veut que les morts quotidiennes ne tuent pas en nous la vie.

Résister
à la tentation des raccourcis

Certains me trouveront prétentieux, mais je ne peux m'empêcher de trouver que beaucoup de nos spiritualités dites chrétiennes apprennent mal à vivre la mort quotidienne. Ces spiritualités, si on me permet l'expression, « fonctionnent trop souvent dans le mou ».

On entend de moins en moins, et c'est tant mieux !, les exhortations de type *volontariste* et *doloriste* qui ont tellement marqué notre mentalité : « Il n'est pas mauvais de souffrir ; il faut bien mériter son ciel... » On verse plutôt, de nos jours, dans la *consolation* : « Tu passes un mauvais moment. Mais ne t'en fais pas, la lumière t'attend au bout du tunnel. » Plus fréquemment encore, on prétend réveiller l'espérance alors que c'est à l'*optimisme* qu'on invite : parce que nous croyons en une victoire toujours possible de la vie sur la mort, le « vrai » chrétien, laisse-t-on entendre, devrait être, spontanément et en permanence, admiratif, habité par la joie, toujours émerveillé par le chant des petits oiseaux ou le sourire d'un enfant. L'espérance chrétienne ne dépend pourtant pas de notre bonne santé hormonale ! Ou de notre tonus psychologique ! Elle n'a pas grand-chose à voir avec les bouffées faciles et conquérantes de l'optimisme. Elle est si souvent pauvre et fragile. N'est-elle pas appelée, la plupart du temps, à se convertir en une persévérance patiente, difficile et entêtée ?

Les raccourcis nous tentent. En particulier, comme je l'ai suggéré, le raccourci qui permettrait, dès maintenant, de parvenir directement à une vie « pleine » sans que nous ayons à passer par la mort, sans vivre aussi la mort.

Nous avons une imagination folle lorsqu'il s'agit d'inventer les façons d'éviter un face à face avec la mort quotidienne, un corps à corps dont personne ne sait d'avance s'il en sortira vainqueur.

Quand la mort nous visite, par exemple, on peut toujours espérer un miracle. Mais il me semble profondément malsain, d'un point de vue chrétien, d'accrocher sa vie à l'attente d'un miracle. De se faire croire, ou de faire croire aux autres, que le miracle est le régime « normal » de la vie chrétienne.

De manière plus générale, on voit surgir de nos jours une foule de discours et de pratiques qui garantissent la vie, rien que la vie, en prétendant exorciser magiquement la mort. Et je suis toujours surpris de constater à quel point une foule de personnes empruntent ces raccourcis, s'en font même les apôtres, tout en continuant de se dire chrétiennes.

J'avance quelques illustrations de ces raccourcis. Sans intention de m'en moquer car, malgré leur apparente banalité, ils révèlent probablement une souffrance trop lourde à porter, la peur d'une mort à vivre, peut-être de l'angoisse. La mode, par exemple, est présentement aux anges. Je viens de trouver un livre qui révèle la façon d'entrer en communication directe avec eux et de se garantir leur protection. Même si l'on admet l'existence des anges et la longue tradition qui leur confie un rôle de protecteurs, on peut s'interroger sur le pouvoir qui serait nôtre de *contrôler* leur intervention et de les forcer, en quelque sorte, à intervenir pour nous délivrer des morts que nous vivons ou de celles qui nous attendent. – Par une affection dont je ne doute pas, un ami a construit une « pyramide spirituelle » (les pyramides aussi sont à la mode) qui enveloppe mon appartement et me protégera contre toute puissance maléfique, en particulier contre la maladie. – Quelqu'un vient de me mettre en garde contre l'anneau noir que je porte à un doigt : le noir affaiblit les anticorps, paraît-il, et nous rend fragiles de santé. Le seul fait d'enlever mon anneau serait donc gage d'une meilleure santé. Par contre, tel autre me garantit des effets bénéfiques si je frotte cet anneau noir en formulant un vœu de guérison...

Puisque ces raccourcis se répandent si facilement en milieux de tradition pourtant chrétienne, je m'interroge sur les spiritualités dont nous avons hérité et que nous proposons aujourd'hui à notre monde. Prennent-elles vraiment au sérieux cette mort quotidienne qu'aucun raccourci ne permet d'éviter, avec laquelle nous sommes forcés de lutter ? Il y a de l'abrupt dans la mort, du tranchant, une rupture que le cœur et la raison jugent intolérable. Je ne vois pas, pour ma part, en quoi la foi chrétienne promettrait et permettrait d'échapper comme magiquement aux souffrances et aux déchirures que provoque la mort vécue au quotidien.

Se permettre le doute

Un avocat dans la soixantaine me disait avoir perdu la foi le jour où, devenu jeune adulte, il s'était mis à douter des réponses qu'on apportait à ses questions. Ma première réaction fut d'incompréhension, mais aussi de peine. Comment avait-on pu lui parler de la foi chrétienne d'une manière telle que le doute était perçu comme le contraire de la foi ? Comment en était-il arrivé à penser que la venue des doutes se solde obligatoirement par une « perte de la foi » ? Puis, je me suis rappelé les premières années de mes études en théologie et les réticences que nous ne cessions de manifester aux professeurs : « Votre réponse est logique et s'inscrit dans un système de pensée solide et cohérent. Le seul problème, c'est que ce système et votre réponse n'ont pas l'air d'avoir entendu et compris notre question... »

Ai-je tort de trouver que nous avons trop appris à penser la foi sous le mode de la réponse? De réponses toutes faites, élaborées d'avance, définies avant même que ne surgissent les questions que nous nous posons sur le sens de la vie? Nous avions ainsi en main une sorte de catéchisme du parfait-petit-chrétien dans lequel même l'existence de Dieu était logiquement démontrée et prouvée. Je me souviens aussi de notre manuel de morale, deux gros volumes qui préparaient à répondre correctement à tous les « cas » susceptibles de se présenter au confesseur. J'ai l'impression de caricaturer en écrivant ces lignes. C'est pourtant bien dans cet univers de la réponse que nous apprenions, il me semble, à penser la foi, à la vivre et à la proposer.

Dans ces perspectives, le doute était évidemment injustifié et injustifiable. Car l'espace du doute ne s'ouvre que là où la foi refuse d'être acceptation passive de réponses pré-définies et définies une fois pour toutes. L'espace du doute ne s'ouvre que là où croyantes et croyants se permettent de vivre leur foi sous le mode de la question.

Le Dieu de Jésus Christ ne veut pas s'imposer, se substituer à notre liberté humaine. Il propose de vivre sa propre tendresse au creux des décisions, jamais totalement claires et parfaitement libres, qui sont notre responsabilité. Qui peut me garantir, « hors de tout doute » justement, que ma décision constitue *la* bonne décision, celle qui répond parfaitement aux poussées de la tendresse de Dieu? Au surplus, Dieu choisit de se taire au moment même où je vis un corps à corps avec la mort, et ce silence constitue, pour un croyant, la plus pénible des morts. Offre-t-il vraiment, en Jésus Christ, une vie capable de vaincre toute mort?

Si tel est le Dieu de Jésus Christ, le doute est loin d'être contraire à la foi, un péché contre la foi. Dieu lui-même, par l'infinie discrétion de son amour, l'autorise...

Il est déjà profondément libérateur, pour les croyants chrétiens, de reconnaître et d'apprivoiser cette discrétion de leur Dieu. *Et de s'autoriser ainsi à eux-mêmes la possibilité de douter.* Les doutes sont déjà difficiles à vivre quand ils surgissent en même temps qu'un rendez-vous avec la mort. Il ne faudrait pas que s'ajoute à ces difficultés une culpabilité maladive, la maladie de quiconque ne s'accorde même pas la permission de douter.

« La foi, disait Georges Bernanos, c'est vingt-quatre heures de doute moins deux minutes d'espérance. »

Se déclarer en état de survie

La vie humaine est remarquablement forte. Elle est aussi remarquablement fragile. Que survienne un deuil, suite à la rupture d'une relation amoureuse ou à la perte d'un emploi par exemple, et les raisons de vivre s'embrouillent.

Certains moments peuvent être proprement douloureux : qui n'a pas connu des jours où l'espérance ressemble fort à la désespérance? Des jours à saveur de mort, écrasés sous des nuages qu'aucun rayon ne réussit à percer? Se souvenant des jours ensoleillés, on se dit que la vie pourrait redevenir belle, mais on se l'affirme comme un principe. Il n'y a là aucun jaillissement spontané. Le goût de la vie s'est éteint. On passe les journées, parfois les semaines et les mois, sans avoir le sentiment que la vie, elle, passe et dynamise les jours et les mois. Si Dieu garde une place dans le champ de la conscience, sa présence est perçue comme la présence… d'un absent. On ne vit pas, on essaie de survivre.

Pourquoi avoir honte de se déclarer alors en état de survie? Il n'y a rien là de honteux et, pour des croyants, rien qui soit contraire à la foi. Il pourrait même être dangereux de jouer le jeu de la bonne santé, de se faire croire à soi-même que tout va pour le mieux et de s'entêter à projeter cette image vers les autres. Les relations avec soi et avec autrui en seraient faussées, mensongères, et le mensonge n'est pas un bon serviteur de la vie.

Se déclarer en état de survie, c'est d'abord *consentir aux pauvretés du présent.* Le mouvement des Alcooliques Anonymes produit des merveilles avec un principe d'une simplicité désarmante : « Vingt-quatre heures à la fois. » Si des morts plus éprouvantes font qu'une journée paraît trop longue à vivre, que ce soit une heure à la fois!

Il n'est pas question, bien sûr, de se laisser glisser sur la pente d'une complaisance irresponsable; je reviendrai plus loin sur la nécessité, même en ces moments éprouvants, de toujours décider, d'au moins tenter de décider quelque chose.

Mais on s'enfermerait dans la désespérance en s'imposant des responsabilités qui, démesurément exigeantes, viendraient alourdir encore l'impuissance dans laquelle on se trouve aujourd'hui.

Se déclarer en état de survie, ce peut être aussi *effectuer un travail de mémoire* qui pourra nourrir le présent, au moins aider à le porter. Nous avons cru que même l'impossible était possible, nous avons vécu des expériences qui ont conforté cette foi. Il est important d'en faire mémoire. Non pas de s'abandonner à la nostalgie en s'enfermant dans les souvenirs que le cours des ans a accumulés : la nostalgie est mauvaise maîtresse de vie et sert mal l'ouverture du présent. Le travail de la mémoire est plutôt de retrouver, comme en dessous des souvenirs, le fil d'une fidélité. Avons-nous le sentiment que cette fidélité n'est plus ? Qui sait si, grâce au travail entêté de la mémoire, elle ne redira pas sa présence en faisant naître de nouveaux projets ?

Après avoir crié à Dieu son sentiment d'abandon, Jésus, dans un dernier murmure, un murmure plus fort que tous les cris, laisse monter : « Père, entre tes mains je remets mon esprit. » La fidélité de toute une existence est rappelée et réassumée dans ce murmure. Par son travail de mémoire, Jésus vient de consacrer le nouveau nom de Dieu en révélant, jusqu'à l'extrême limite de sa vie, que Dieu est Père, c'est-à-dire un Dieu dont le seul désir est d'engendrer les humains à la vie. Toute la suite du temps en sera transformée…

Se déclarer en état de survie enfin, c'est accepter de *se définir différemment par rapport au futur*. Plus on vit des limites écrasantes et des deuils éprouvants, plus on est porté vers des décisions radicales. Pour certains, même le suicide peut sembler attrayant, moins insupportable que le mal de vivre dans lequel ils sont englués. Est-ce bien le temps, toutefois, d'engager de façon irrémédiable le moyen et le long terme de nos vies ?

Il se peut que le moment soit propice à une remise en cause radicale et fouette le désir d'une vie nouvelle. Les personnes aliénées dans leur dépendance à l'alcool ou à la drogue, pour ne prendre qu'un exemple, réalisent souvent, au plus creux de leur souffrance, qu'aucune autre sortie n'est possible que celle d'une rupture totale et d'habitudes futures tout à fait différentes. Mais rien n'accomplira magiquement et pour toujours la transformation ardemment rêvée. Se réaffirme inéluctablement, pour ces personnes comme pour toutes celles qu'une mort place en état de survie, la nécessité du « vingt-quatre heures à la fois ».

Voici donc venu le temps de la patience. Apprendre la patience du temps... Patience envers les autres, mais aussi et surtout envers soi-même et envers la vie qui tarde à refaire surface en soi. Et se dire, pour que les morts ne tuent pas en nous la vie, que notre patience sera toujours un reflet bien pâle de la tendre patience que nourrit envers nous le Dieu de Jésus Christ.

Accueillir
la vie et l'amour des autres

Quiconque est plongé « dans les profondeurs du gouffre » ne sait plus trop comment gérer ses relations avec autrui. Pendant les premiers temps d'une rencontre grave avec la mort, quand le deuil est étouffant, le réflexe peut être de s'isoler, de se replier sur sa souffrance tellement celle-ci est vécue avec intensité et semble incommunicable. Qui, d'ailleurs, pourrait comprendre ce qu'on ne comprend pas soi-même ? Les relations ne sont guère plus faciles dans les moments où une certaine communication est redevenue possible. On avance sur une crête difficile à négocier. Comment ne pas s'aliéner les autres par le récit sans cesse repris de ses propres souffrances ? Comment, par contre, être vrai avec soi-même et avec eux si on se force à taire l'expérience pourtant déterminante qu'on est en train de vivre ? On a perdu ses repères habituels, on ne sait plus trop comment aller vers les autres ni comment les accueillir.

On devine cependant qu'il n'y a pas de salut dans l'enfermement. Et ce qu'on devine ainsi constitue un appel de la vie. Il est important de répondre à cet appel. Même si nous savons mal comment la communication avec les autres pourra empêcher les morts de tuer en nous la vie, il est nécessaire de *faire confiance* aux autres.

La foi chrétienne invite d'elle-même à un telle confiance. J'ai parlé de l'important travail de la mémoire. Ce dont il

105

faut particulièrement faire ici mémoire, c'est de la mission des autres dans nos vies : *ils sont un sacrement du Dieu de Jésus Christ et ont mission de nous révéler les innombrables facettes de son visage*[19]. Dieu s'est absenté de nos vies, pensons-nous. Il se tait. Mais s'il se taisait pour mieux permettre aux autres de parler ? De nous parler ? Et, qui sait, de nous dire comment la vie est déjà en train de faire vivre nos morts ?

L'expérience apprend que toute décision tire son profit de la communication avec autrui. Nous y trouvons aussi la chance (la grâce ?) de trouver moins in-sensées les morts que ces décisions promettent. D'où la nécessité d'une vraie communauté de partage où la vie et les morts quotidiennes de chacun peuvent être accueillies par tous, accueillies dans la vérité et la tendresse, dans la vérité de la tendresse. La délicate éducation des enfants, les lois complexes de l'amour, que celui-ci soit marié ou célibataire, le devoir et les exigences de la justice, tout gagne à être partagé.

Les réponses seront probablement rares, chacun étant finalement responsable de ses propres décisions. Mais y a-t-il rien de plus libérateur que de pouvoir au moins partager ses questions ? Et de découvrir comment la vie, du creux même des questions, se fraye peu à peu un chemin ? Surpris, on finit par apprendre que les questions, souvent plus que les réponses, ouvrent l'épaisseur du présent et lui découvrent un à-venir qu'on ne soupçonnait même pas.

---

19. Cf. *Foi chrétienne, op.cit.*, p. 55-78.

Il devient encore plus impératif de faire confiance aux autres, à leur capacité d'écoute et d'accueil amoureux, lorsque la mort est telle qu'elle paraît invincible, lorsque nos deuils sont si lourds que nous voyons mal comment ils ne tueront pas la vie. Une telle confiance ne va pas de soi. On peut au moins essayer et, dans la pauvreté, tenter un petit pas vers les autres.

Ceux-ci ne seront pas très nombreux. Ils seront même rares, tellement les questions à partager montent du plus profond de nous-mêmes et s'en vont rencontrer, chez les autres, la part la plus secrète de leur existence. Même s'ils ne possèdent pas les réponses, même s'ils ne comprennent pas nos questions, cette impuissance n'étouffe pas en eux leur capacité d'accueil, une sorte d'empathie amoureuse qui joue bien au-delà ou en deçà des réponses et des questions.

Il se peut même qu'on soit incapable, à certains moments, de dire aux personnes les plus proches la mort que nous vivons. Est-il alors nécessaire, et même souhaitable, de vouloir l'« expliquer » coûte que coûte ? On ne peut faire autre chose que de s'abandonner à la tendresse des autres. Accueillir la beauté du regard qu'ils posent sur nous, nous laisser porter par eux avec ce que nous vivons d'insupportable, boire à leur vie, à leur goût de vivre, comme à une source, aller pleurer dans les bras qu'ils nous ouvrent...

Quand on est en état de survie, la confiance ne devrait pas avoir honte, ni peur, de devenir abandon à l'amour des autres.

Et continuer
de décider...

« Père, entre tes mains je remets mon esprit. » On pourrait entendre cette dernière parole de Jésus sur la croix comme l'expression d'une démission. Il vient de subir d'atroces souffrances qui l'ont vidé de son sang, de ses énergies. Il se retrouve terriblement seul, lui qui a vécu et prêché une seule loi, celle de l'amour : « Comme je vous ai aimés, vous devez vous aussi vous aimer les uns les autres. » (Jn 13,34). Il a lutté toute sa vie contre des pouvoirs qui défiguraient à la fois le visage de Dieu et celui des humains, et voici que ces pouvoirs semblent sortir victorieux de la lutte, ils sont les plus forts. Il était venu pour que les humains « aient la vie et qu'ils l'aient en abondance » (Jn 10,10), et lui-même est visité par la mort. En remettant son esprit entre les mains du Père, Jésus fait-il autre chose que signer le constat d'un échec, l'échec de toute une vie ?

Redisons-nous cette autre parole, qui empêche de comprendre la dernière comme une démission : Ma vie, « personne ne me l'enlève mais je m'en dessaisis de moi-même » (Jn 10, 17-18). Ni les fatigues de la vie, ni les souffrances de la Passion, ni l'échec apparent de son projet, ni les pouvoirs politiques ou religieux, ni Dieu, rien ni personne d'autre que lui-même ne le dessaisit de sa vie. Ce qui peut apparaître, à la fin, comme l'aveu d'une démission devient plutôt l'expression d'une ultime décision et, en cela, l'acte le plus révélateur de la liberté de Jésus.

Lorsque chrétiennes et chrétiens, face à la mort quotidienne, font mémoire de Jésus et de sa vie d'homme libre, ils se redisent inévitablement la responsabilité de leur foi : même quand la mort les visite, Dieu veut encore dépendre de leurs décisions. En vérité, et surtout quand les morts quotidiennes tentent de nous écraser dans les profondeurs du gouffre, on apprend que « la foi est une *décision*. Croire, c'est décider de croire, c'est décider de continuer de croire[20]. »

Décider ! Toujours décider quelque chose même si, au regard des autres ou selon mon propre jugement, ma décision sera de petite portée et paraîtra insignifiante. Toujours laisser monter en moi cette question : étant donné les limites que je vis et le deuil dans lequel elles me plongent, que puis-je aujourd'hui faire qui serait une affirmation de la vie ? Que puis-je aujourd'hui décider, qui me situerait en fidélité avec moi-même et en fidélité avec la mise en pratique des paroles de Jésus ?

La face du monde et le cours de l'histoire ne seront peut-être pas transformés par ce que je déciderai de faire. Mais qui sait si je ne réussirai pas à ouvrir une brèche dans la mort, dans ma mort ? Une brèche qui me délivrera de mon tombeau en libérant le courant de la vie ?

La mort peut être parfois si envahissante et le gouffre si profond qu'on est incapable de faire quoi que ce soit. On a beau tenter de dégager l'horizon des possibles, aucune

---

20. J.-C. SAGNE, « Du besoin à la demande, ou la conversion du désir dans la prière », dans *Pax*, 167, juin 1973, p. 11.

action ne peut être décidée. Si on s'entête à croire que Jésus Christ veut être situé dans nos décisions, cette foi ne réussit alors qu'à rendre plus insupportable l'affreux silence de la vie. Jusqu'au moment où, aucune réponse ne venant, on découvre qu'il faut peut-être changer la question. Au lieu de s'interroger uniquement sur ce qu'on peut *faire,* au lieu de rechercher des actions à poser, on se demande : ne pourrais-je pas décider d'*être* autrement ?

Ce déplacement est de grande portée. Il suffit à rouvrir l'horizon en ouvrant à la vie un nouveau passage. Peut-être ne m'est-il pas possible de faire grand-chose. Mais je peux décider d'être différemment devant la vie, devant les autres, face à moi-même. Ne serait-ce qu'en changeant mon regard sur moi, sur les autres et sur la vie. En apprenant par exemple une disponibilité plus large et un accueil plus ouvert, la compassion aux souffrances d'autrui, l'émerveillement devant toutes les petites victoires de la vie...

Dans les moments de lourdes morts, on peut envier ceux et celles qui marchent allègrement vers un futur que rien ne semble obstruer. On peut être jaloux de leur dynamisme conquérant et de l'envergure de leurs projets. Mais rien ne vaut plus cher que les victoires marquées sur le quotidien par les personnes en état de survie. Rien n'est plus précieux que la mince ouverture qui réussit à entraîner leur aujourd'hui vers demain.

Leur liberté en acte s'est faite espérance en acte, et cette espérance arrache déjà toute une vie à la captivité de la mort.

TABLE DES MATIÈRES

Introduction 5

Première partie
LA DIFFICILE DÉCISION DE VIVRE 13

1. L'expérience des limites 17

2. Décider de faire son possible 31

Deuxième partie
LA MORT AUX MULTIPLES VISAGES 39

3. Dégager l'horizon 43

4. Les morts de chaque jour 49

5. Le poids de l'impossible 59

Troisième partie
LE TRAVAIL DE LA MORT 67

6. La mort terminale 71

7. Le travail des morts quotidiennes 81

Quatrième partie
QUAND LA MORT NOUS VISITE 89

8. Pour que les morts ne tuent pas en nous la vie 91

Achevé d'imprimer
en août 1996
sur les presses de
Métrolitho

Imprimé au Canada — Printed in Canada